하는 일마다 인정받는
사람들의 비밀

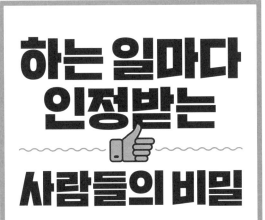

하는 일마다 인정받는 사람들의 비밀

· 이은재 지음 ·

다연
DAYEONBOOK

Prologue

인정받는 직장인으로 산다는 것

해질녘.

모든 사물이 붉게 물들고

저 언덕 너머로 다가오는 실루엣이

내가 기르던 개인지,

나를 해칠 늑대인지 분간할 수 없는 시간.

드라마 〈개와 늑대의 시간〉의 독백 속 혼란처럼 한동안 내가 어떻게 살아왔는지, 무엇을 하며 살았는지, 그리고 나는 어디에 와 있는지 모르는 시간들의 연속이었다. 포기도, 실행도 하지 못하는 어정쩡한 상황이 계속되었다. 딱히 거창한 이유가 있었던 것도 아닌데 말이다.

언제부터인가 나의 직장생활 이야기를 책으로 한번 써보고 싶다는 막연한 생각을 품었다. 내가 경험하고 느꼈던 일들을 차곡차곡 쌓아두었다. 후배들에게 이렇게 살아보라고, 저렇게는 살지 말라 말해주고 싶었다. 그간의 인생살이를 통해 깨달은 바를 누군가에게 말하고 싶었다. 나름대로 치열하게 살았고, 내가 가진 모든 것을 쏟아붓고 싶었다. 대단한 성공은 아닐지라도 누군가에게는 작은 희망을 주고, 누군가에게는 위로가 되는 조언을 해주고 싶었다.

지난여름, 팔을 다치는 바람에 한 달여 깁스를 한 채로 지냈다. 당연히 운전이 불가능해 택시로 회사를 오갔다. 다친 몸으로 내가 할 수 있는 거라고는 독서뿐이었다. 매일 책을 읽었는데, 그간 내 손길에서 벗어나 책장 속에 방치되어 있던 책들이 하나둘 머릿속으로 들어왔다. 깁스를 풀고도 독서는 계속되었다. 책 읽기에 푹 빠져 있던 어느 날, 그동안 내가 꿈꿔온 이야기를 정말 책으로 써야겠노라 마음먹었다.

〰️ 내 이야기다

시중에 나와 있는 여러 자기계발서를 읽는 동안 깊이 공감하며 읽은 책은 그리 많지 않았다. 다른 사람의 상황을 전해 들었거나, 컨설팅이나 인사교육 부서에 근무하며 지켜본 이야기가 대부분이었다. 나라면 어떻게 행동했을까, 내 상사라면 내가 어떻게 반응했을까 등 감정이입이나 상황 치환이 잘 안 되었다.

나라면 어떻게 집필할까를 궁리해보았다. 직장생활을 하며 겪은 일들을 하나씩 소환하자니 30년 세월 동안 크고 작은 일이 참 많았구나 싶었다. 나를 가슴 뛰게 한 일도, 나를 좌절하게 한 일도 많았다. 그중에 이야깃거리가 될 만한 것들을 뽑아내 정리를 시작했다.

직장인이 제일 갈망하는 일이 무엇일까? 승진, 성과, 연봉……. 직장인의 가장 큰 바람은 결국 주변 사람들에게 인정받는 것이다. 나 역시 누가 날 인정해줄 때, 맡은 일이 힘들어도 힘든 줄 몰랐다. 인정받는 사람이 결국 원하는 것을 얻을 수 있다는 확신! 경험에 의거한 이런 내용을 부족한 글로나마 솔직히 담아보려 노력했다.

🔀 아직 부족하다

나의 직장생활은 아직도 진행형이다. 이제 30년 차 직장인이다. 대학 졸업 후 사회에 나와 내가 배운 거라고는 직장생활이 전부다. 그래서 할 줄 아는 것도 직장생활뿐이다. 그런데도 참 쉽지만은 않다. 똑같은 상황은 존재하지 않는다. 매번 다른 변수를 맞닥뜨리고 그에 맞게 의사결정을 해야 한다. 선택의 기회비용은 늘 나의 몫이다. 그 사실은 여전히 나를 힘들게 한다.

우리는 하루 8시간, 일주일 40시간, 1년 2,000시간 일을 한다. 휴가, 야근, 교육 같은 변수를 고려하지 않고 대략 계산하면 그렇다. 이렇게 30년 6만 시간을 일했어도 나는 아직도 직장생활이 어렵다. 20년쯤 직장생활을 하면 임원이 되거나 임원이 될 준비를 한다. 임원

(任員)의 임(任)의 의미는 '맡기다'이다. 즉, 믿고 맡길 수 있는 직원이라는 뜻이다. 이 책을 쓰면서 비로소 나를 돌아본다.

'과연 나는 믿고 맡길 수 있는 사람이었는가?'

나는 여전히 부족하다. 당신도 여전히 부족하다고 생각할 것이다. 그래서 끊임없이 배우고, 느끼고, 깨닫고, 실천해야 한다.

또 한 권의 자기계발서

이 책 역시 서점 책장에 꽂혀 있는 수많은 자기계발서 중 하나일 것이다. 직장생활에서 필요한 기법이나 행동 요령은 어느 조직이나 동일한 맥락으로 흐른다. 상사와 부하, 동료와의 관계를 어떻게 하면 좋게 할 것인가부터 시작한다. 대화, 보고, 기본 행동까지 대부분 유사할 수밖에 없다. 다 사람 사는 세상이고 사람이 주인공이라서 그렇다.

그래서 직장생활을 잘하고 싶다면, 먼저 사람의 마음부터 이해해야 한다. 그간 내가 겪었던 일을 되돌려봐도 그렇다. 내가 언제 서운했는지, 언제 인정받는 느낌이 들었는지 생각해보면 안다. 내가 싫었던 건 무엇이었는지, 내가 고맙게 느꼈던 건 무엇이었는지 돌아보라. 거기에 답이 있다.

이 책도 다 그런 이야기다. 누구나 한 번쯤은 느껴봤고 겪어봤고 생각해봤을 이야기 말이다. 그래서 별것 아닐 수도 있다. 또, 그래서 별것일 수도 있다. 어떻게 받아들일지는 결국 당신의 몫으로 남겨놓는다. 그래서 한편 부끄럽다.

원고를 마무리하면서 다시금 생각해본다. 이 책을 쓰는 것이 정말 잘한 결정이었을까? 괜히 별것도 아닌 이야기로 책을 엮어낸 것은 아닌지, 내 꿈을 실현한답시고 혹시 누군가의 아픈 기억을 건드리는 것은 아닌지 걱정도 된다.

결론을 말하면, 잘했다고 생각한다. 비록 부족하고 부끄러운 이야기지만, 나의 직장생활은 여전히 진행 중이고, 천만이 넘는 직장인들이 오늘도 직장인으로서의 삶을 살아가고 있기 때문이다.

지금 갓 직장생활을 시작한 새내기부터 이제 떠날 준비를 하는 중년의 직장인들에게 이 책을 바친다. 같은 시대를 호흡하며 살아온 그저 보통의 대한민국 직장인이 던지는 말 한마디가, 따뜻한 위로가 되고 소소한 행복이 되길 진심으로 바란다.

이은재

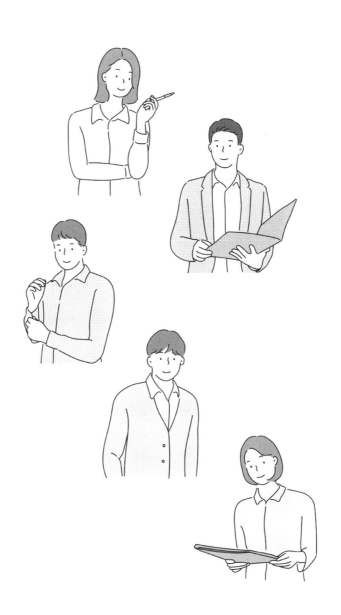

Contents

Chapter 3
직장에서 인정받는 기술

Chapter 4
하는 일마다 인정받는 사람들의 8가지 비밀

Chapter 5
직장을 떠나서도 인정받는 사람이 되라

Chapter 1

오늘도 마지못해
출근하는 당신에게

1

나는 오늘도 격하게 서럽다

"너 인마, 뭣도 모르면서 말이 너무 많아. 앞으로 말하지 마! 누가 물으면 그때만 말해!"

"지금은 네 생각, 네 느낌 이런 거 한 개도 필요 없어. 알았어?"

"그리고 그 표정, 표정도 짓지 마! 네 기분을 그렇게 다 내놓지 말란 말이야!"

이는 영화 〈열정같은소리하고있네〉에서 도라희(박보영 분)의 직장 상사 하재관(정재영 분)이 광분하며 쏟아낸 '말폭탄'들이다. 주변에 이런 상사는 꼭 있게 마련이다. 자신의 감정을 제대로 제어하지 못하고 수시로 부하 직원에게 갑질을 해댄다. 뭐라도 안 집어던지면 다행이다.

부하 직원은 억울하다. 그렇다 하여 눈 부릅뜨고 대들 수도 없다.

마음을 다잡고 상사의 꼴통 짓이 끝나기를 기다리는 게 상책이다. 그나마 실력이 있으면 수긍이라도 간다. 하지만 이런 상사들에게서는 신기하게도 실력이라는 걸 찾아볼 수 없다.

팀장 때였다. 다른 부서에서 신상품을 출시하며 우리 팀과 공동 프로모션을 제의해왔다. 언론사 보도자료 때문에 빨리 결정해달라는 요구도 있었다. 상사는 출장 중이었다. 내가 맡은 상품과 관련되어 있었기에 팀장 권한으로 수락했다.

다음 날, 보고받은 상사의 불호령이 떨어졌다. 자기 허락도 없이 누구 마음대로 그런 결정을 했냐는 것이다. 당시 상황을 설명하면 할수록 오히려 그의 분노는 더 심해졌다. 급기야 전화기를 집어던지고, 마시던 커피잔까지 바닥에 내동댕이쳤다. 고함 소리가 얼마나 컸던지 화장실까지도 들렸다고 한다.

나도 화가 머리끝까지 치밀었다. 그렇다고 들이받을 수는 없었다. 하루 종일 팀원들은 내 눈치를 봐야 했다. 여기저기에서 수군대는 소리도 들렸다. 서러웠지만 어쩔 수 없었다. 나중에 알았다, 양쪽 부서의 상사가 서로 견원지간(犬猿之間)이라는 사실을. 동료들이 위로의 말을 건넸다.

"직장생활이 다 그렇지, 뭐."

진심이 담기지 않은 말은 아무런 위로가 되지 않음을 그때 알았다. 귓가에서 계속 상사의 고함 소리가 맴돌았다.

"네가 뭔데 그런 결정을 해!"

이후로 상사의 얼굴도 마주하기 싫었다. 다른 부서로 가고 싶었지만 팀장인지라 그럴 수도 없었다. 결국 시간이 흘러야 해결될 것이었다. 내 안에 생긴 상처가 그토록 오래갈 줄은 당시에는 몰랐다.

별것 아닌 일이라고 생각할 수도 있다. 사람마다 상처를 받아들이는 건 다르니까. 돌을 던진 사람은 개구리가 얼마나 아픈지, 어디를 다쳤는지 관심이 없다. 알지도 못한다. 화를 내고 있는 순간은 제정신이 아닐 테니까. 설령 안다 하더라도 결코 본인의 잘못을 인정하거나 사과하지는 않는다. 부하 앞에서 창피해지기 싫기에! 안 해도 된다고 생각한다, 본인이 상사니까. 대부분이 그렇다. 물론 더러 괜찮은 상사도 있다. 슬쩍 다른 말에 섞어서 미안함을 표현하는 부류 말이다.

🛝 가볍게 듣고 비워라

'자신에게 실망하지 마. 모든 걸 잘할 순 없어. 오늘보다 더 나은 내일이면 돼. 인생은 지금이야, 아모르파티.'

이는 가수 김연자의 히트곡 '아모르파티'의 가사이다. '아모르파티(Amor Fati)'는 '네 운명을 사랑하라'라는 뜻이다. 인간이 지녀야 할 삶의 태도를 표현한 철학자 니체의 운명관을 나타내는 용어라고 한다. 난 이 노래가 참 좋다. EDM(Electronic Dance Music)도 좋고 가사 내용도 정말 좋다. 차에서 크게 틀어놓고 따라 부르면 스트레스가 확 풀린다.

나는 얼굴 자체가 웃는 상이다. 눈이 작고 눈꼬리가 아래로 처졌다. '하회탈' 닮았다는 소리도 자주 듣는다. 직원들은 내 이런 모습을 보고 스트레스를 안 받고 직장에 다니는 줄 안다.

상무로 승진하고 새로운 조직을 맡았을 때의 일이다. 뭔가 보여줘야 한다는 생각이 앞서 실적이 괜찮은데도 정신없이 일했다. 그 모습이 스트레스를 받고 있다고 보였는지 A 팀장이 조심스레 물었다.

"상무님도 스트레스 받으세요? 전혀 안 받고 일하신다고 소문났던데……."

"그럼 스트레스 안 받고 직장 다니는 사람도 있나?"라며 화를 내야 할지, "내가 그랬어?"라며 웃어야 할지 당황스러웠던 그때가 지금도 자주 생각난다.

직장인이라면 누구나 직위 고하를 막론하고 크고 작은 스트레스를 받게 마련이다. 상사 때문에, 일 때문에, 부하 직원 때문에 스트레스를 받는다. 그러니 결국 '어떻게 털어버릴 것인가?'가 문제다. 정답은 없다. 줄일 수 있는 방법이 무엇인지 찾는 게 중요하다.

첫째, 가볍게 들어라. 칭찬이든 꾸중이든 지랄이든 뭐든 가볍게 들어라. 일일이 다 신경 쓰면 힘들어서 못 산다. 어릴 적 공부하라는 어머니의 잔소리처럼 흘려들어라. 내 안에 담아두는 걸 최소화해야 오래 버틸 수 있다.

둘째, 집에 들고 오지 마라. 회사는 회사이고, 집은 집이다. 회사 문을 나서는 순간 모두 잊어라. 회사일도 안 되고 집안일도 안 된다. 퇴근 후 나는 가능한 한 휴대전화를 무음으로 해둔다. 집까지 싸들고 가서 고민한다고 해결될 일이었으면 회사에서 진즉 해결되었을 거다.

셋째, 나만의 해우소(解憂所)를 찾아라. 스트레스를 먹었으면 당연히 비워야 한다. 동네를 한 바퀴 달리든지, 달리는 차 안에서 크게 노래를 부르든지 자기만의 해결 방법을 만들어야 한다. 적극적으로 이것저것 시도하라. 그중에 가슴이 후련해지는 방법을 찾아라.

넷째, 문제의 본질을 파악하라. 상사가 왜 내게 화를 냈는지, 동료가 왜 나를 공격했는지 찾아보라. 행동의 결과에만 집착하면 안 된다. 그 원인과 이유를 찾는 습관을 들여라. 그러면 점차 스트레스를 받는 횟수가 줄어들 것이다.

🎿 진심 어린 공감이 필요하다

아이를 너무나 원하는 한 여자가 있었다. 결혼 후 수년간 아이가 생기지 않아 마음고생이 심했는데 마침내 임신을 했다. 산달이 되어 힘겹게 아이를 낳은 그녀는 세상을 다 가진 것 같았다. 하지만 기쁨도 잠시, 아이는 시름시름 앓았다. 아이는 세상에 나온 지 한 달도 채 되지 않아 세상을 떠나고 말았다. 그녀는 가슴을 부여잡고 며칠을 울었다.

"산 사람은 살아야지요. 빨리 잊고 기운내세요."

"아이는 다시 가지면 됩니다. 그만 딛고 일어나세요."

"좋은 곳으로 갔을 테니 이제 잊고 새로운 삶을 살아야지요."

그 어떤 말도 그녀에게 위로가 되지 않았다.

'내 소중한 아이를 잊으라니. 기억에서 지우라니⋯⋯.'

그녀는 아이를 따라가기로 마음먹었다. 한강 다리를 향해 가던 그녀의 발길을 신경정신과병원이 붙잡았다. 그녀는 마지막 하소연이라도 하고 가자는 심정으로 들어갔다. 한참 동안 그녀의 이야기를 경청한 의사가 물었다.

"아이 이름이 뭐였나요?"

의사의 말 한마디에 그녀는 목 놓아 울기 시작했다. 가슴에 맺힌 응어리를 풀어내듯 한참 울고 난 여자는 집으로 발길을 돌렸다. 그리고 새로운 삶을 시작했다. 그녀는 소중했던 아이의 존재를 세상이 알아주길 바랐던 것이다. 사람들이, 아이가 행복과 기쁨을 준 존재였음을 인정해주길 바랐다. 하지만 사람들은 위로랍시고 오히려 아이의 존재를 잊으라고만 했다.

이는 진정한 공감을 필요로 하는 사람의 마음에 대한 이야기이다. 정혜신 박사의 강의에서 들은 이 일화를 나는 후배들에게 자주 들려준다. 공감이라는 단어를 볼 때마다 이 이야기를 떠올리며 공감에 관하여 다시금 생각한다. 직장에서든 가정에서든 내 상처에 진심으로 공감해주는 그런 사람이 필요한 세상이다. 사람들은 상처를 받고 또 상처를 준다. 상처는 스트레스와 다르다. 훨씬 깊고 오래간다. 심하면 트라우마까지 생길 수 있다.

상처는 빨리 치유해야 한다. 누가 치유해주면 좋겠지만, 내 상처에 진심으로 아파해주고 공감해주는 사람을 찾기란 쉽지 않다. 친구는 회사 사정을 잘 모르고, 회사 동료는 엄밀히 말해 친구가 아니다.

이해하는 척 해줄 뿐 진심은 거의 아니다. 결국 상처는 스스로 치유해야 한다. 시간이 지나면 자연히 해결되는 상처도 있지만, 대부분 오래 두면 곪거나 덧나버린다. 그에 걸맞은 약을 제대로 써야 한다.

자신에게 맞는 약을 찾아라. 음악도 좋고 운동도 좋고 친구도 좋다. 술도 적당한 양이라면 괜찮다. 내게 주는 스트레스와 상처에 맞서라. 서러워도 참아라. 가볍게 듣고 비워버리는 습관을 들여라. 세상이 내 마음 같지 않다는 건 다 아는 사실 아닌가? 어쩌겠는가? 입사할 때의 내 꿈이 아직 실현되지도 않았는데, 내 사랑하는 가족이 나로 말미암아 행복하게 살고 있는데 말이다.

2

오늘도 당신은 '프로 야근러'

머피의 법칙(Murphy's Law)은 1949년 미국 에드워드 공군기지에서 일하던 머피 대위가 처음 사용한 말이다.

"어떤 일을 하는 방법에는 여러 가지가 있고, 그중 하나가 문제를 일으킬 수 있다면 누군가는 꼭 그 방법을 쓴다."

안 좋은 일에 미리 대비하자는 뜻이었는데 지금은 좀처럼 풀리지 않고 갈수록 꼬이기만 하는 일을 두고 사용한다.

신기하게도 모처럼 약속을 잡으면 야근이나 회식이 걸린다. 간만에 일찍 출근하면 그날따라 상사가 늦는다. 열심히 일하다가 잠깐 자리를 비우면 희한하게도 상사가 찾는다. 극악의 날에는 하루 종일 머피가 따라다니기도 한다.

직장생활은 내 뜻대로 되지 않는다. 주 52시간 근무제가 시행되었

지만 아직은 300인 이상 기업에만 해당된다. 전반적으로 시행된다 하라도 현실은 또 다르다. 해야 할 일은 많은데 회사는 정부의 눈치를 보느라 퇴근하라고 한다. 소등도 하고 PC 전원도 끈다. 하지만 누군가는 내일 있을 회의 자료를 준비해야 한다. 노트북을 싸들고 카페로 향한다. 이른바 '퇴근 후 카페족'이 되는 것이다. 저녁에도 사무실 밀집 지역의 카페가 바글바글한 이유다.

사무실에서 야근을 할 때가 차라리 낫다. 석식을 주는 회사도 있고 자신의 책상에서 자료를 찾아가며 일할 수도 있으니까. 강제로 사무실을 나오면 얘기가 달라진다. 일단 카페에서 샌드위치와 음료를 내 돈으로 사 먹어야 한다. 내 통장은 금세 '텅장'이 된다. 가끔 카페 로고가 찍힌 빈 텀블러를 갖다놓고 음료를 구매한 것처럼 위장도한다. 하지만 매번 그럴 수도 없다. 노트북에, 참고 자료에 밤늦은 퇴근길 발걸음이 한층 무거워진다.

물론 직원을 가족처럼 생각하고 위해주는 회사도 많다. 한 회사는 수요일을 이른바 '3무(無)데이(회의, 회식, 야근이 없는 날)'로 정하여 직원들을 평소보다 1시간 30분 일찍 퇴근시킨다. 직원들은 그렇게 일찍 귀가하여 가족과 시간을 보내거나 개인 일을 처리한다. 그런 만큼 이 회사의 여성 직원 비율은 50%를 넘는다. 또한 그중 상당수가 워킹맘이다.

나의 전 직장에서도 매월 둘째, 셋째 주 수요일에 1시간 일찍 퇴근하는 '스마트 워킹 데이(Smart Working Day)'를 실시했다. PC 전원을 차단하고 소등도 한다. 밤 10시 이후 업무 관련 카톡도 금지한다. '저녁이 있는 삶'을 적극 권장하는 것이다.

지금 다니는 직장은 '유연근무제'를 시행하고 있다. 8시부터 10시 사이 출근시간을 본인이 정한다. 거기에 맞춰 퇴근시간도 달라진다. 이것은 분기 단위 변경도 가능하다. 한 달에 한 번, 원하는 금요일에 쉬는 '금요휴무제'도 시행 중이다. 회사가 나서서 '워라밸(Work & Life Balance)'을 강조한다. 이 모든 것은 결국 업무 효율을 높이기 위해서다.

🎿 번아웃증후군

직장인 85%가 '번아웃증후군(Burnout Syndrome)'에 시달린다고 한다. MBC 〈다큐스페셜〉 '오늘도 피곤한 당신, 번아웃' 편에서도 나온 말이다. 사람들은 '열심히' 그리고 '행복'이라는 키워드로 높은 수준의 삶을 추구한다. 목표 대비 얼마나 달성했는가를 '더 빨리', '더 열심히'라는 말로 매일 다그친다. 그러다가 결국 모든 걸 소진해 버린다는 거다. 방송에서는 '번아웃증후군 체크리스트'도 공개했는데, 다음과 같다.

▶아침에 눈 뜰 때 첫 느낌, 내가 근사하다는 마음이 드세요?

▶기억력이 옛날 같지 않고 깜박깜박하세요?

▶전에는 그냥 넘길 수 있던 일이었는데 요즘 더 짜증이 나고 화가 잘 참아지지 않나요?

▶어디론가 멀리 훌쩍 떠나가고 싶으신가요?

▶이전에는 즐거웠던 일들이 무미건조하고 삶의 행복이 잘 느껴지지 않나요?

이 중 3개 이상 해당되면 번아웃증후군으로 판단한다(나는 4개가 해당된다). 방송에서는 쉼 없이 달리지만 말고, 잠깐 멈춰서 호흡하라고 충고한다.

경제협력개발기구(OECD)에 의하면 2014년 회원국 평균 근로시간은 1,770시간으로 조사됐다. 한국은 2,124시간으로 멕시코에 이어 세계 2위다. OECD 평균보다 주당 6.8시간을 더 일하는 셈이다. 그러다 보니 '사무실 지박령'이라는 신조어도 생겼다. 원래 '지박령'은 땅에 매인 영혼이라는 뜻이다. 사무실 지박령은 '일이 많아 퇴근을 못 하고 사무실에 매여 있는 영혼'을 의미한다. '야근각'이라는 말도 생겼다. '~할 것으로 보인다'는 뜻을 가진 '~각'을 야근에 붙인 말이다. 오늘 야근할 것으로 보인다는 이 말은 정시에 퇴근한다는 '칼퇴'보다 더 자주 언급된다. 직장인의 슬픈 현실을 어찌 이리도 잘 반영했을까 싶다.

〰️ 내가 싫었던 것은 안 한다

나는 출근을 일찍 한다. 러시아워에 길에서 소비하는 시간이 너무 길기 때문이다. 대신 퇴근은 6시에 칼같이 한다. 그래야 직원들도 마음 편히 퇴근할 테니까. 내가 평사원이던 시절, 딱히 할 일이 없는데도 사무실에서 게임 등으로 시간을 죽이는 상사가 많았다. '집에 일찍 가봐야 할 일도 없고, 무엇보다 마누라 잔소리 듣기 싫어서'가 그 이유였다. 신입 사원 시절, 과장은 신혼인 내게 '마누라 길들이기'를 위해서라도 집에 늦게 가야 한다며 충고까지 할 정도였다. 일찍 귀가하는 버릇을 들이면 정작 늦을 때 잔소리가 많아진다는 것이다.

나는 그런 행태가 너무 싫었다. 할 일 다 해놓고 퇴근하는데 왜 눈치를 봐야 하는지, 그런 상황을 만드는 상사들이 이해가 안 되었다. 내가 높은 자리에 오르면 무조건 일찍 퇴근하겠노라 그때 다짐했다. '내가 싫었던 건 안 한다' 중 첫째가 불필요한 야근이다. 나와 함께하는 직원들은 당연히 이러한 내 방침을 무척 좋아한다. 그 대신 나는 업무시간에 제대로 집중할 것을 강조한다. 그래서 '집중근무시간'을 정했다. 오전에는 불필요한 회의나 흡연을 삼가라고 지시했다. 내 권리를 누리기 위해서는 내 의무를 다해야 한다는 게 나의 기본 철학이다.

두 번째는 퇴근 전에는 업무 지시를 하지 않는다는 것이다. 시간이 촉박한 경우라도 다음 날 아침 일찍 호출해 지시한다. 물론 내 상사가 지시할 경우, 시간을 벌어야 하는 건 내 몫이었다. 그래야 일을 시켜도 떳떳하고 직원들이 돌아서서 구시렁대지 않을 것이었다.

2018년 7월 1일부터 주당 법정근로시간이 68시간에서 52시간으로 줄었다. 국회예산정책처의 〈연장근로시간 제한의 임금 및 고용에 대한 효과 분석 보고서〉에 따르면, 근로자 평균 377,000원(11.5%)의 월급이 줄어들 것으로 추정했다. 적은 월급에 시달리는 근로자들은 저녁시간은 찾았는지 몰라도 그 시간에 쓸 돈이 줄었다고 하소연한다. 진정한 '저녁이 있는 삶'은 아니라고도 한다. 해야 할 일을 외부에서 처리해야 하니, 오히려 월급이 줄어든 현실이 더 문제라는 것이다.

어떤 제도도 모두를 만족시킬 수는 없다. 노동시간을 제도화하여 줄이는 건 한계가 있다. 직장에서 야근을 유발하는 당사자는 누구인가? 직원의 능력이 부족해 일이 늦어질 수도 있다. 하지만 원인 제공자는 대부분 상사다. 상사가 일을 지시하고, 상사의 호기심이 일을 만든다.

당신이 야근 많은 부서의 상사라면, 업무를 지시하기 전에 꼭 필요한 일인지 다시 한 번 확인하는 습관을 가져야 한다. '일단 한번 해봐'가 더 이상 상사의 특권이 되어서는 안 된다. 상사부터 업무를 확실히 파악하고 진짜 필요한 일만 지시하라. 그러면 야근 없는 세상에 한 걸음 더 다가갈 수 있을 것이다. 직원들은 야근을 안 해서 좋다. 회사는 불필요한 경비를 지출하지 않아서 좋다. 직원들이 저녁 시간을 즐기며 행복한 삶에 가까이 가는 건 보너스다.

만일 당신이 상사의 지시가 없는데도 늘 야근에 시달리는 직원이라면, 일하는 태도부터 바꿔라. 일과시간 중에는 일에만 집중하라. 쓸데없이 잡담하고 커피 마시고 화장실에서 스마트폰 보는 시간만 줄여도, 야근을 줄이거나 피할 수 있다.

3

불안은
미래에 대한 집착에서 온다

'불안감은 병적 두려움의 대상이 아니다. 더 열심히 하라는 격려이고 더 치밀하게 준비하라는 충고요, 현실에 안주하지 말고 미래를 준비하라는 채찍질이기 때문이다. 불안하기에 준비하고 노력하고 대비한다. 내 마음속의 목표와 내가 처한 현실 사이의 거리가 클수록 현재 내 모습에 불만이 많고 미래에 대한 불안감 또한 많이 생긴다. 마음은 자꾸 주저앉으려는 나에게 앞에서 끌고 뒤에서 미는 고마운 존재다. 어쩌면 불안은 마음이 힘내자고 보내는 편지다.'

이는 오광조 저자의 《불안감 버리기 연습》에 나오는 글귀다. 불안의 사전적 의미는 '마음이 편하지 아니하고 조마조마한 상태'이다. 누구나 불안감을 느끼면 산다. 그런데 우리는 왜 불안을 느낄까? 각자 이유는 다르겠지만 불안을 느끼는 이들에게는 공통적인 특징도 있다.

첫째, 심리적 불안이 많은 사람은 일상의 스트레스에 취약하다. 과거의 안 좋았던 경험과 상황에서 스트레스를 받기도 한다. 스트레스 자체를 쉽게 느끼고 오랜 시간 스트레스에서 벗어나지 못한다.

둘째, 행복한 순간에도 늘 불안하다. 걱정을 손에서 놓지 못한다. 행복이 언제 끝날지 몰라서 또 다른 걱정을 한다. 지금은 안정적인 상황이라도 미래가 불안정할까 봐 불안해한다.

셋째, 시작하기도 전부터 걱정한다. 일이 잘못되지 않을까 미리 걱정한다. 지레 겁을 먹고 포기까지 한다.

넷째, 사소한 일에도 의미를 부여한다. 다른 사람의 작은 행동에도 내가 뭔가 잘못했나, 불안해하기도 한다. 별 생각 없이 내뱉은 말에도 의미를 부여하고 걱정을 한다.

다섯째, 완벽주의 증세다. 매일 쓰는 물건들의 정리 정돈 상태나 깨끗한 옷에 집착하기도 한다. 모든 상황이 완벽해야 불안함이 없어진다.

중학교 1학년 첫 월말시험을 볼 때의 일이다. 반장으로서 나는 시험감독으로 들어온 선생님께 수업시간처럼 인사를 하려고 자리에서 일어났다.

"차렷!"

"자, 인사는 됐고 시험이나 보자."

나는 시험 기간에는 선생님께 인사를 안 하는 걸로 알았다. 다음

시간에는 체육 선생님이 감독으로 들어왔다. 인사는 안 해도 된다고 생각한 나는 시험지 나눠주길 기다리며 책상에 머리를 숙인 채 앉아 있었다.

"반장! 인사도 안 하고 뭐 하는 거야!"

교실이 떠나갈 듯한 고함 소리에 자리에서 벌떡 일어났다.

"차, 차, 차……."

너무 놀란 나머지 말문이 막혔다. 가슴은 두근거리지, 말은 안 나오지, 정신을 차릴 수가 없었다.

"차렷경례도 제대로 못하고 반장이라는 놈이 뭐 하는 거야! 부반장! 네가 해!"

시험을 어떻게 치렀는지 몰랐다. 그날 이후 나는 말을 더듬기 시작했다. 그것도 '차렷경례'할 때만 그랬다. 평소에는 여전히 활발하고 잘 떠들고 농담도 잘했다. 하지만 수업 시작종이 울리면 내 가슴은 요동치기 시작했다. 얼굴은 달아오르고 가슴은 쿵쾅거렸다. 다리에 힘도 빠졌다. 결국 부반장이 나를 대신해 인사 구령을 했다.

담임 선생님은 내가 상심하고 힘들어할까 봐, 차렷경례도 제대로 못하는 나를 2학기에도 반장을 시켰다. 선생님이 너무 고마웠다. 인사는 여전히 부반장이 대신했다. 수업을 시작할 때마다 너무 창피했다. 그깟 차렷경례를 못하는 것뿐인데도, 나는 늘 불안했다. 말더듬이를 고치기 위해 그해 여름방학에는 웅변학원도 다녔다. 배에 힘을 주고 턱을 당기고 굵은 목소리로 자신 있게 말하는 법을 배웠다. 점차 불안감이 줄어드는 듯했다. 그렇게 1년을 보내고 나서야 제대로 차렷경례를 할 수 있게 되었다. 말더듬이를 고치려 배운 웅변 덕분에, 사람들 앞에서 말하는 데 자신감까지 갖게 된 것은 오히려 행운이었으니 인생사 새옹지마(塞翁之馬)랄까.

〽️ 불안감은 극복 대상이다

직장인 대상 설문조사에서 63%가 고용 불안을 느낀다고 응답했다. 지금 다니는 직장이 평생직장이라고 생각하는 사람도 17.4%에 불과했다. 고용 불안으로 말미암아 이직이나 퇴사를 고민한다는 직장인도 60%나 되는 것으로 나타났다.

직장인들은 늘 불안하다. 아침 출근길에 차가 막히면 어쩌나 불안해한다. 지시한 일을 제대로 못했다고 상사에게 질책받지 않을까 노심초사한다. 퇴근 직전 새로운 일을 시킬까 봐 눈치 보고, 퇴근길에 회식하자고 할까 봐 안절부절못한다. 그야말로 이른 아침부터 밤늦게까지 하루 종일 피곤하다.

누구에게나 들이닥칠 이러한 불안을 어떻게 극복할 수 있을까?

첫째, 남을 의식하지 말아야 한다. 불안은 남이 나를 어떻게 볼까 걱정하는 데서 시작된다. 나만 생각하라. 남과 비교하지 마라. 내가 할 수 있는 것만 생각하라.

둘째, 앞서가지 말아야 한다. 미리 걱정하지 말라는 의미다. 걱정의 90% 이상은 안 해도 되는 것들이다.

셋째, 부정적인 이미지를 버려라. 결과가 안 좋을까 고민하고 집착하는 것을 버려야 한다. 세상일은 걱정한 대로 되기 때문이다.

넷째, 나 아니면 안 된다는 생각을 버려라. 원래 회사는 나 없이도 잘 돌아가게 되어 있다.

다섯째, 조금 부족해도 괜찮다. 세상에 완벽한 것은 없다. 조금 모자라도 조금 부족해도 아무 문제없다고 생각하라.

운동선수들은 불안을 느낄 때 늘 하던 대로 하는 '루틴'을 사용한다. 평소에 하던 몸풀기를 하거나 긴장을 푸는 음악을 듣는 식이다. 나도 불안할 때는 손가락 관절꺾기를 하면서 안정을 찾곤 했다. 툭툭 하는 소리에 옆 사람이 신경 쓰이는 눈초리를 보내긴 했지만, 내가 마음 편한 게 최고이니 어쩔 수 없다. 유격훈련이나 번지점프할 때 높은 곳에서 뛰어내리기 전에, 엄마나 여자 친구 이름을 크게 부르게 하는 것도 불안을 없애는 일종의 자기암시다.

프로스트는 말했다.

"그곳을 빠져나가는 가장 좋은 방법은 그곳을 거쳐서 가는 것이다."

불안을 이겨내는 가장 좋은 방법은 피하지 말고 부딪혀 극복해내는 것이다. 불안감과 자신감은 언제나 함께 온다. 한쪽을 버리면 다른 한쪽이 오게 되어 있다.

〽️ 건강한 불안을 즐겨라

뉴질랜드의 국조(國鳥)인 키위새는 날개가 퇴화되어 날지 못한다. 천적이 없어 긴장할 필요가 없고 주위에 먹이가 많아 불안해할 이유도 없다. 결국 날개는 그 필요성이 사라진 것이다.

사실, 적당한 불안은 우리 삶을 건강하게 만든다. 불안을 피할 수 없다면 즐겨야 한다. 어차피 느껴야 할 불안이라면 차라리 불안을 건강하게 잘 이용하자. 상황에 따라 불안한 모습이 필요할 때도 있다.

직장생활을 하다 보면 상사 앞에서 발표나 보고를 할 때가 있다. 이런 기회는 충분히 준비하고 연습해서 잘 살려야 한다. 일정 직급에 올라가기 전까지는 자주 오지 않는 기회이기 때문이다. 많은 이가 자신감 가득한 큰 소리로 당당히 발표하는 것을 최고로 여긴다. 상사들도 이런 모습을 좋아한다. 하지만 나는 직장 처세술 측면에서 좀 다른 생각을 가지고 있다.

직장에서 보고하는 경우는 보통 두 가지 형태다. 하나는 직속 상사와 마주 앉아 자료를 앞에 놓고 보고하는 경우, 또 하나는 경영진이 다 모인 자리에서 화면에 파워포인트 자료를 띄워서 프레젠테이션 형식으로 보고하는 경우다. 가끔 이런 형태의 보고를 발표라고 하는 사람들도 있는데, 상하관계에서 업무 성과 관련 내용은 보고라고 표현하는 게 맞다.

마주 앉아 보고할 경우 낮은 목소리로 자신 있게 천천히 보고한다. 전사 경영진이 모인 자리에서는 큰 목소리로 힘차게 말하되, 살짝 떨린 목소리로 긴장한 모습을 보인다. '보고 준비는 제대로 했는데 윗분들 앞이라 긴장하고 있다'는 모습을 일부러 보여주는 것이다. 경영진은 자신의 권위 앞에서 긴장하는 직원을 좋아하는 경향이 있다. 그 사실을 이용하는 것이다. 나는 이것을 '건강한 불안' 또는

'건강한 긴장'이라고 부른다.

　미래의 성패를 가를지도 모를 발표를 앞에 놓고 불안해하지 않을
사람은 없다. 내가 한 일의 결과에 대해 불안한 게 당연하다. 미래의
불확실성 때문이다. 그래서 불안은 특별한 것이 아니다. 불안은 나
만의 문제도 아니다. 무엇보다 불안은 해결 불가능한 것이 아니다.
　불확실한 미래에 대한 집착을 버리고 불안을 적극적으로 받아들
여라. 그리고 나만의 극복 방법을 찾아라. 가능하다면 나만의 건강
한 불안, 건강한 긴장을 즐겨라.

4

직장인의 진짜 고민은
점심 메뉴다

"오늘 점심은 좀 일찍 먹을까? 점심 약속 없는 사람, 같이 가지?"

11시 50분. 팀장이 자리에서 일어나며 같이 갈 사람을 찾는다. 최 과장이 고객과 선약이 있다며 슬쩍 빠진다. 미영 씨도 동기들과 먹기로 했다며 손을 든다. 이 대리는 외근 나가고 없다. 본인까지 빠지기가 미안해서 망설이던 김 대리는 딸랑이 박 과장과 함께 팀장 점심 수발에 동참한다.

"뭘 먹지?"라고 팀장이 묻는다. 늘 하던 대로 "글쎄요. 팀장님 드시고 싶은 걸로 드시죠?"로 답한다. 팀장과 같이 식사하면서 김 대리는 메뉴를 선택해본 적이 없다. 언제나 답은 정해져 있다. 어쩌다한번 파스타라도 먹자고 하면 밀가루는 안 된다며 단칼에 자른다. 그러면서도 짬뽕은 해장에 좋다며 먹으러 가잔다. 점심 메뉴는 언제나 팀장이 좋아하는 김치찌개나 해장국 종류다. 일주일에 세 번 먹은 적도 있다. 그나마 팀장이 계산하면 낫다. N분의 1로 계산한다. 내 돈 내고도 내가 먹고 싶은 메뉴를 고를 수 없다니! 다른 건 몰라도 점심시간만이라도 내 마음대로 할 수 있었으면 좋겠다. 약속 있다 거짓말하고 '혼밥'이라도 하는 게 차라리 속 편하다.

주위에서 자주 보는 점심시간의 모습이다. 그래도 팀장이 직접 고른 메뉴라 맛없다고 핀잔 들을 일은 없다.

점심 메뉴 선택은 너무 어렵고 힘들다. 대부분 직장인이 '선택장애'를 앓고 있다. 자주 보는 상사와의 점심은 성향을 아니까 그나마 낫다. 잘 모르는 상사와의 점심은 진짜 고민스럽다.

영업부문장으로서 춘천 지점을 방문했을 때다. 현황과 이슈에 대해 얘기를 나눈 후 지점장과 함께 점심 식사를 하러 갔다. 춘천 시내에서 차로 30분을 달려 산기슭에 자리한 강원도에서 제일 잘한다는 '붕어찜'집에 도착했다. 본사에서 상무가 방문한다고 지점 회의 끝에 결정한 장소와 메뉴였단다.

사실, 나는 민물고기를 싫어한다. 민물매운탕은 국물과 수제비만 먹는다. 좀 까탈스러운가? 내가 잘 안 먹으면 민망해할까 봐 수차례 시도했지만 흙냄새가 너무 강했다. 붕어찜에 들어 있는 시래기 몇 점과 밑반찬으로 식사를 하자 당황한 지점장은 어찌할 바를 몰라 했다. 이른바 '붕어찜 사건'은 삽시간에 전국 지점에 퍼졌다. 지점장들에게 나와의 점심은 더욱 신경 쓰이는 일이 되어버렸다. 본의 아니게 지점장들에게 부담을 준 꼴이 된 나는 이후 지점 방문할 때 아예 점심 메뉴를 내가 정했다. 지점장들은 업무에만 신경 쓰면 되니까 오히려 마음은 편해졌다고 한다.

〰️ 회식은 더 고민이다

별거 아닌 것 같은데도 어려운 고민이 어디 점심 메뉴뿐이겠는가? 회식은 더 골칫거리다. 메뉴와 장소 선정을 맡은 직원은 진짜 피곤해진다. 비용도 고려해야지, 2차 장소까지도 신경 써야 한다. 끝나면 상사의 안전하고 편안한 귀가도 신경 써야 한다. 이쯤 되면 누구를 위한 회식인지 아리송해진다.

상사들은 굳이 안 해도 되는 회식을 왜 자꾸 하는 걸까? 평소 회의도 많은데 왜 퇴근 후에도 붙들고 앉아, 개인시간을 뺏어가며 먹기 싫은 술과 노래를 강요하는 걸까? 이것도 상사의 특권인가?

대리 시절, 늘 생맥주 500cc만 먹자는 일명 '500만' 과장이 있었다(500cc만 먹고 집에 간 적은 한 번도 없다). 팀장 때는 고기 사줄 테니 먹고 가자는 임원도 있었다. 난 회식을 좋아하지 않는다. 팀장, 임원이 되어서도 회식은 될 수 있는 한 피했다. 직원들이 나를 평가한 내용에 너무 회식을 안 하는 게 단점이라고 꼽을 정도였다.

직장에서 회식이 필요 없다는 입장은 아니다. 회식이 지나치게 잦다는 것, 1차에서 끝나지 않는다는 것, 그것이 문제다. 다음 날 업무에 지장이 없는 수준으로 직원 위주의 회식이 되었으면 좋겠다. 퇴근 무렵 갑작스럽게 내리치는 상사의 번개 말고, 사전 계획하에 직원이 먹고 싶은 걸로 먹는 회식이길 바란다. 9시까지 1종류 술로 1차로 끝내자. 진정한 '911회식'이 건강한 회식이다.

회식을 할 경우 나는 테이블 안쪽 구석에 앉는다. 내 앞과 옆자리는 임원 때는 팀장이, 팀장 때는 과장, 차장이 앉았다. 회식 자리 중앙에 앉아 '나 홀로 떠들기'를 하는 게 싫었다. 여직원은 되도록 멀리 앉게 했다. 혹시라도 술에 취해 실언이나 실수를 할까 봐 조심했다. 직원들의 반응도 나쁘지 않다고 생각한다.

회식을 자주 안 하는 내게도 치명적인 흠이 하나 있었다. 바로 건배사였다. 돌아가면서 한마디를 하게 했다. 직원들은 덕담이나 결의를 한마디씩 하며 '위하여'를 외쳤다. 나 자신이 괜찮은 리더라고 생각했지만 사실은 착각이었음을 나중에 알았다.

어느 날 점심 식사 후 운동 삼아 7층 사무실까지 걸어 올라갔다. 5층쯤 올라갔을 때 위에서 귀에 익은 목소리가 들렸다. 선임팀에 근무하는 C 차장 목소리였다.

"상무님이 다른 건 다 괜찮은데 회식할 때 제발 '한마디 해'만 안 시켰으면 좋겠어. 내일 회식인데 무슨 말을 해야 할지 걱정이 돼서 잠도 편히 못 잤어."

순간 걸음을 멈췄다. 직원들에게 자신의 생각을 표현할 기회를 주는 거라 여겼다. 별것 아니라고 여겼던 그 '한마디 해'가 누구에게는 잠을 못 잘 정도로 고민거리일 줄은 상상조차 하지 못했다. 직원에게는 임원이, 임원에게는 직원이 '가까이하기엔 너무 먼 당신'임을 그때 알았다.

　회식은 늦더라도 집에는 들어간다. 워크숍이 잡히면 외박은 선택이 아닌 필수가 된다. 계획서까지 만들어 보고해야 한다. 너무 멀지도 가깝지도 않은 적당한 거리로 장소를 먼저 정한다. 이어 숙소, 식당, 술과 안주, 차량 편성까지 챙겨야 할 일이 너무 많다.

　놀기만 할 수는 없다. 분기 성과 분석이나 목표 달성 결의와 같은 보여주기 액션도 포함된다. 이럴 바엔 차라리 사무실에서 일하는 게 낫지 않나?

　보여주기 액션이 끝나갈 무렵이면, 경영진이 '바쁜 와중에도 특별히'라는 수식어를 달고 참석한다. '미래에는 여러분이 회사의 주인공입니다'와 같이 입에 발린 격려사가 이어진다. 저녁 자리에서는 어디서 선물받은 것 같은 발렌타인 17년산 양주를 한 잔씩 돌린다. 그러면서 특별히 준비한 좋은 술이라고 생색을 무지 낸다. 그리고 회식 중간쯤에 자리를 뜬다.

　워크숍 날은 대부분 술이 떡이 되는데도 다음 날 아침엔 근처 산행을 한다. 어제 먹은 술이 깨지도 않은 채 헉헉대며 산을 오른다. 다리에 힘이 쫙 풀린다. 돌아갈 때 부장 차 운전도 해야 하는데 혹시 졸음운전을 할까 봐 걱정이다. 남은 주말 내내 기력 회복하느라 집에서 쉬어야 한다. 워크숍 후유증은 생각보다 꽤 길다.

🧬 고민을 들어주는 사람이 되라

고객센터는 전문 업체에 위탁을 주고 있었다. 본사에서는 월별 실적 점검을 하고 반기별로 간담회를 가졌다. 10년 이상 경력을 가진 파트장들의 생생한 소리를 듣고 개선책을 찾는다는 게 이유였다. 처음 간담회에 참석해서는 파트장들 모두가 평균 이상의 비만인 걸 보고 적잖이 놀랐다. 하지만 이유를 듣고는 마음이 아팠다. 하루에도 수십 명의 고객을 응대하다 보니 스트레스가 너무 쌓여 매일같이 술로 풀어서 그렇단다. 흡연율도 상당히 높고 이직율도 50%에 육박한다고 한다. 상담원들은 실제 감정을 억누른 채 늘 상냥한 목소리로 고객을 응대해야 하는 대표적인 감정노동자다. 그들에게는 '스마일 마스크증후군(Smile Mask Syndrome)'이 붙어 있다. 겉으로는 웃고 있지만 화, 분노 등의 감정을 표현하지 못하고 속으로 삭이기 때문이다.

직장에서 제일 힘든 업무가 무엇인지 아는가? 바로 '내가 하는 업무'다. 일은 누구에게나 힘들다. 임원도 힘들고 신입도 힘들다. 세상에 쉬운 일은 없다. 직장에서 진짜 고민해야 할 것이 '무슨 일을 하느냐'가 아니라 '어떻게 일을 하느냐'라고 하는 이유다.

당신에게 고민을 상담하는 동료가 있는가? 아니면 당신의 고민을 상담해줄 동료가 있는가? 어떤 이유로든 당신이 직장생활 힘들다고 동료에게 상담한다고 가정하자.

"나 회사 그만둘까 봐. 팀장 땜에 더 이상 못 다니겠어."

당신의 심각한 고민에 A 동료는 "그래, 여기 아니면 다닐 데 없겠어? 그만둬"라고 한다. B 동료는 "많이 힘들구나. 저녁에 약속 없으

면 술 한잔하자"라고 한다. A와 B중 누가 당신의 고민을 들어주는 동료인가? 당신은 진짜 회사를 그만두고 싶은 게 아니라 너무 힘들어서 표현을 한 것뿐이잖은가! 당신의 진심이 무엇인지를 먼저 헤아리는 동료가 답이다.

흔히 직장에는 친구가 없다고 한다. '친구인 듯 친구 아닌 친구 같은' 동료만 있다. 대학 친구가 다른 회사에서 잘나가면 당신은 주위 사람들에게 자랑을 한다. 당신도 잘나가는 사람과 같다는 일종의 '동일시' 효과다. 하지만 같은 회사에서 대학 친구가 잘나가면 시기와 질투의 대상이 된다. 그 친구는 당신이 느끼는 열등감의 원인 제공자다.

고민은 나누어야 한다. 고민을 들어줄 상대가 있어야 한다. 당신의 고민을 함께 나눌 좋은 동료는 '찾는 것'이 아니다. 당신 자신이 좋은 동료가 '되어주는 것'이다. 말처럼 쉬운 일은 아니다. 그게 고민이다.

5

인사는 때때로 불공정하다

"이 대리, 내가 저녁에 급한 일이 있어서 그러는데 이 자료 마무리 좀 해줄래?"

"예, 과장님! 알겠습니다!"

나는 일 처리가 빠른 편이다. 성질이 급해서 마감 시한까지 계속 그 일을 생각해야 한다는 사실 자체가 싫었다. 뭔가 할 일을 다 못한 것 같아 찜찜했다. 화장실 다녀왔는데 개운하지 않은 그런 느낌이랄까. 이런 내게 팀장은 다른 사람들보다 많은 일을 요구했다. 아침에 출근해서 그날 처리해야 할 일이 다이어리 한 페이지에 빼곡히 적혀 있을 정도였다. 나보다 선임인 C 대리는 하루 종일 전화기만 붙들고 통화를 했다. 지사 담당자, 협력 업체 직원들과의 통화였다. 통화 내용의 절반 이상은 잡담이었다. 대리 3년 차 경력으로 입사한 N 대리는 나보다 세 살 위로, 중소기업에 다니다 경력직으로 들어왔다. 전문대학을 마치고 바로 취업해서 현장 경험이 많았다. 영업 부서에 있는 직원들이 수시로 상담하러 오거나 영업 현장에 동행을 요구해 자리를 자주 비웠다. 그 덕분에 N 대리가 처리해야 할 자료나 보고서는 대부분 내 몫이었다. 후배 사원이 있었지만 연차가 낮아 믿고 맡길 수 없는 상황이었다. 같은 과(당시는 공무원 조직처럼 과·부의 체제였음)에 근무하는 동료니까 할 수 있다면 내가 한다는 생각으로 열심히 일했다. 화장실 갈 시간을 놓치기 일쑤여서 변비까지 심할 정도였다.

입사 동기 저녁 모임이 있었다. 이제 입사 5년 차가 된 대리들로서, 회사에서는 알짜배기 실무자들이었다. 처리할 일이 많아 늦게 참석한 내게 동기들의 비난과 동정이 함께 쏟아졌다.

"상품개발과 일은 이 대리가 다 한다며?"

"같은 월급 받으면서 고생이 많네. 오늘은 특별히 회비 면제다."

친하게 지내는 동기가 다른 사람의 일까지 떠맡아서 하는 건 정말 바보 같은 짓이라며 진심 어린 충고를 했다. 주어진 일만 충분한 시간을 가지고 제대로 하라는 거였다. 열심히 해봐야 연공서열 중심의 조직에서 대리 1년 차 인사고과는 최하등급일 거라고 귀띔해주기도 했다.

연말에 인사평가 점수를 받았는데 동기 말대로 C등급이었다. 우리 과에서 최하등급이었다. 너무 화가 나서 과장에게 따졌다.

"일은 내가 다 했는데 어떻게 신입 사원보다 낮은 평가를 줄 수 있습니까?"

"이 대리가 일을 많이 했다는 건 인정해. 하지만 대리에서 과장 승진하는 데 최소 사 년이 필요해. 근데 평가는 최근 삼 년만 반영되는 거 이 대리도 잘 알지? 일 년 차인 이 대리에게 상위등급을 주는 건 아무런 의미가 없어. 어차피 금년의 평가는 쓸 데도 없잖아. 내년부터 잘 받으면 되지, 안 그래?"

확인해보니 4년 차 C 대리는 S, 3년 차 N 대리는 A, 신입 사원 L 포함 2명은 B 등급이었다.

과장의 답변에 나는 어이가 없어 아무런 대꾸도 하지 못했다. 승진하기 2, 3년 전에만 신경 써서 평가 잘 받고 승진하면 되는 이런 인사시스템 속에서 어떻게 일을 열심히 할 수 있단 말인가? 입사 이래 가장 크게 좌절한 순간이었다.

🎿 인재상은 없다

2014년 2월, 러시아 소치에서 열린 동계올림픽에서 안현수(빅토르 안)가 남자 쇼트트랙 1000미터 결승에서 금메달을 획득했다. 한국빙상연맹의 파벌싸움과 불공정인사로 대표팀에서 탈락한 그는 2011년 러시아로 귀화했다. 그의 귀화 결정을 두고 잘잘못을 따지자는 게 아니다. 어떤 조직이든 인사시스템은 공정하고 합리적이어야 한다. 완벽하지 않아도 괜찮다. 많은 사람이 납득할 수 있고 군말 없이 받아들여야 제대로 된 인사시스템이다. 그래야 조직구성원이 조직을 이탈하거나 잘못된 결정을 하지 않게 된다.

나는 팀장 때부터 면접을 했다. 서류심사 합격 인원을 대상으로 최종면접 전, 2~3배수로 추려내는 실무면접관 역할이었다. 면접 전날이면 사장은 늘 면접관들과 점심 식사를 같이했다. 그 자리에서 본인의 인재상에 대해 한 번 더 면접관들에게 주지시켰다. '신언서판(身言書判)'이 골자였다. 예로부터 우리 선조들은 인재를 선발할 때 이 네 가지를 중시했고, 지금도 지켜져야 할 중요 덕목으로 꼽히고 있다.

　먼저 '신(身)'은 건강한 신체다. 자세가 삐딱하거나 인상을 쓰고 있거나 우울해 보이는 사람은 뽑지 않는다. 바른 자세에 바른 정신이 깃든다고 했다. '언(言)'은 말을 조리 있게 하는 것이다. 면접관의 질문에 자신의 생각을 핵심만 제대로 잘 표현하는지, 횡설수설하지는 않는지를 본다. '서(書)'는 글솜씨다. 자기소개서를 통해 자신의 장단점과 본인이 뽑혀야 하는 이유에 대해 적절히 기술했는가를 본다. 마지막으로 '판(判)'은 판단력이다. 예상치 못한 질문에 대한 임기응변 능력과 노사 문제 같은 사회적 이슈에 대한 사상적 검증을 거친다.

　실무면접은 보통 4~5명씩 같이 보게 된다. 지원자가 문을 열고 들어오는 순간부터 자리에 앉아 자기소개를 하는 약 1분 동안 선발될 후보가 추려진다. 짧은 첫인상으로 대부분 당락이 결정된다는 의미다. 이어지는 질문은 면접관의 판단이 맞는가에 대한 검증이다. 일부는 면접 중간에 바뀌기도 하지만, 10여 년의 내 경험으로 보면 대부분 처음 선택이 끝까지 유지된다. 즉, 면접은 합격자를 선발하기보다 불합격자를 걸러내는 시스템으로 작동한다. 기업에서 말하는 인재상은 회사 벽에 걸린 액자에서나 보여지는 것이라는 생각도 들었다.

🎿 어차피 인사는 불공정하다

대학에서 나는 행정학을 전공했다. 경영학과 마찬가지로 조직과 인사에 대해 배운다. 인사는 만사(萬事)라고 배웠다. 회사는 인사시스템을 통해 급여를 제공하고 성과급을 지급한다. 직원들의 근태를 점검하고 야근수당도 주고 연월차관리도 한다. 인사위원회를 통해 상벌도 준다. 인사평가에 따라 승진과 승급이 결정된다. 이렇듯 인사는 사람, 직원이 하는 일 전체에 대해 관리하고 평가하기에 직원의 사기 문제와 직접적으로 연관된다. 그런데 직장인 56%가 자신의 업무 성과에 대한 회사의 평가를 불합리하다고 여긴다는 설문조사 결과가 있었다(2016. 3. 잡코리아 1,930명 조사). 이 중 7.9%는 도저히 결과를 받아들일 수 없다고 답했다. 왜 이런 결과가 나왔을까?

시스템은 한계가 있다. 사람이 만들기에 그렇다. 애초에 모든 직원을 만족시킬 인사제도란 없다. 초일류 회사일지라도 인사제도는 불공정하고 불합리하다고 하는 이유다.

전 직장에는 자녀학자금 지원제도가 있었다. 대학학자금은 목돈이라 부장급 이상에게는 1순위 관심사다. 하지만 대리급 이하 직원들에게는 관심 대상이 아니다. 간담회 자리에서 회사 복지제도에 대해 얘기를 나누었는데 대리급 이하에서는 그런 제도가 있는지도 모른다고 했다. 그들은 나이 든 직원들을 위한 이런 제도는 복지의 형평성에 어긋난다고까지 표현했다. 이렇듯 인사는 개인 입장에 따라 합리적일 수도 있고 불공정하기도 하다.

대부분의 직원은 상사의 인사평가가 1년간 열심히 노력한 성과에 비해 낮다고 느낀다. 이것이 현실이다. 상대평가의 방식이라 상위등급은 20~30% 수준이다. 상위등급에 속한 직원들은 나름대로 공정한 평가라고 할 수도 있다. 하지만 중간 이하 등급을 받은 70%가 넘는 직원 입장에서 과연 인사평가가 합리적이라고 생각할 수 있겠는가! 그래서 상사는 평가가 끝나면 부하에게 반드시 피드백을 해야 한다. 설득이 아니라 납득할 수 있게 말이다. 성과평가에 동의하지 못하는 사람이 많아지면 그 조직은 삐거덕거리기 시작한다. 모두가 한 방향으로 정조준하고 온 힘을 합쳐 달려가도 주어진 목표 달성이 쉽지 않은데, 성과평가 때문에 냉소적인 분위기로 바뀌고 팀워크는 사라진다. 목표는 원래 숨이 턱까지 차고 더 이상 달리기 힘든 상황이 되어야 겨우 달성할 수 있도록 만들어졌기에 정상적인 조직에서도 힘들 것인데 그렇지 않은 조직에서는 어떠하겠는가.

어차피 인사는 자주 불합리하고 불공정하다. 현실을 그대로 받아들이고 상위등급을 받기 위해 노력하는 수밖에 달리 방도가 없다. 시스템을 바꾸지 않는 한 어쩔 수 없다. 그리고 이것이 바로 결과로 말하는 법을 배워야 하는 이유다.

시스템을 극복하는 방법이라면 상사의 노력뿐이다. 상사는 최대한 공정한 평가를 위해 평소 부하에게 믿음이 가게 행동해야 한다. 상사가 파벌에 휘둘리거나 본인 관심사를 챙겨주는 직원만 편애하는 모습을 보여서는 안 된다. 평소에는 관심도 두지 않고 있다가 평가 시즌에 잘한 것만 보고 판단해서도 안 된다. 오로지 성과와 역량을 중심으로 객관적으로 평가해야 한다. 이것이 완벽하지 않은 인사 시스템에 대처하는 현명한 자세이다.

6

모르긴 해도
그럴 만한 사정이 있겠지

'상대의 모습을 내 마음대로 그려놓고 왜 그림과 다르냐고 상대를 비난합니다. 있는 그대로 보지 못하는 마음의 착각이 나 자신과 상대, 모두를 힘들게 합니다.'

이는 《법륜 스님의 행복》에 나오는 말이다. 우리는 자신만의 눈으로 상대방을 본다. 자신만의 귀로 상대방을 듣는다. 상대방의 태도와 행동과 말을 자신이 갖고 있는 잣대로 해석하고 판단한다. 그리고 자신이 생각하는 결과를 예상하고 기대한다. 문제는 자신의 예상과 다른 결과가 나올 때다. 결과를 수용하지 못하고 상대방을 비난한다. 오케이할 줄 알았는데 아니라는 메시지를 듣는 순간 화도 난다. 상대방의 입장이나 생각은 별로 중요하지 않다. 자신의 기준대로 움직이지 않는 상대방 때문에 둘 사이에는 갈등이 생긴다.

이러한 가장 큰 원인은 소통 능력 부족이다. 소통은 말을 잘하는 것과는 다르다. 상대방의 입장에서 상대의 말을 듣고 이해하는 것이 진정한 소통이다. 상대방이 알아듣고 이해할 것이라 생각하고 말을 생략하는 데 원인이 있다.

"자료 언제 볼 수 있지?"

부장이 지나가다 묻는다.

"어떤 자료 말씀이신지……."

직원은 무슨 자료인지 몰라 확인한다.

"지난번 지시한 거 있잖아!"

부장의 목소리가 커진다.

"실적 자료 말씀이십니까?"

직원이 다시 확인한다.

"아니, 그거 말고. 경쟁사 분석 자료 말이야. 그거 언제 되냐고?"

이번엔 부장이 짜증을 낸다.

"아, 아직 안 됐습니다…… 내일 월간회의라 실적 자료부터 작업 중인데요……."

처음부터 부장의 질문이 잘못되었다. 한 번으로 끝날 대화였는데 자신은 물론 상대의 기분까지 망가뜨리며 세 번이나 주고받았다. 부장은 당연히 알아들을 거라 생각하고 물었지만 직원 입장에서는 정확히 어떤 자료를 찾는지 알 수 없어서 생긴 일이다.

"김 대리, 어제 지시한 경쟁사 분석 자료 언제 볼 수 있지?"라고 물었다면, "내일 오후에 보고 드리겠습니다. 지금은 월간회의 자료 작성 중입니다"라는 대화가 이어졌을 것이다.

당신이 개떡같이 말해도 상대방이 찰떡같이 알아들을 것이라고 생각하지 말라. 상대방은 당신이 생각하는 것보다 훨씬 당신을 이해하고 있지 않다. 모두가 내 마음 같지 않다는 말이다. 소통만 잘해도 일을 덜할 수 있다. 정확한 의사 표현에 기초한 소통은 불필요한 노동을 없애주는 꽤 괜찮은 수단이기 때문이다.

⚡ 상대의 신발을 신어보라

전무 시절, '인정받는 조직생활'이라는 주제를 놓고 그룹사 과장을 대상으로 강의를 했다. 강의를 시작하며 질문했다.

"살면서 혹시 믿었던 사람에게 뒤통수 맞아보신 분?"

스무 명 남짓 손을 들었다.

"그럼 살면서 다른 사람 뒤통수 쳐보신 분?"

아무도 없었다.

신기하게도 뒤통수를 맞은 사람은 있는데 쳤다는 사람은 아직 보지 못했다. 왜 그런가? 모든 게 내 기준이기 때문이다. 뒤통수를 쳤는지 맞았는지를 모두 자신의 기준으로 판단하는 것이다. 친 사람이 없는 건 '그럴 만한 사정이 있었을 뿐, 뒤통수를 친 건 아니다'라고 생각해서 그렇다. 맞은 사람도 상대가 이 정도까지 할 줄 몰랐기에 뒤통수 맞은 것으로 생각하는 것이다. 사람에게는 상대방이 모르는 그럴 만한 사정이 있는 법이다. '처녀가 애를 낳아도 할 말이 있다'는 옛 속담은 상대방의 상황을 핑계로만 보지 말고 어떤 연유인지 헤아리라는 의미이다.

'상대를 알고 싶다면 상대의 신발을 신어보라.'

이는 상대방의 입장이 되어봐야 상대를 알 수 있다는 뜻이다. 회사에서는 고객의 입장을 이해한다고 '1일 현장 체험'을 진행한다. CEO를 비롯한 경영진이 매장에서 직원의 입장이 되어 고객을 맞이하고 응대하는 것이다. 우리 회사는 '사장이 직접 현장에서 고객의 입장과 고객의 마음을 헤아리려 노력하고 있습니다'라고 보여주기 위한 홍보용 쇼를 하는 거다. 안 하는 것보다야 낫겠지만 이는 진정 고객의 마음을 읽는 방법은 아니다.

〽️ 갈등은 서로 다름에서 출발한다

나보다 먼저 임원이 된 C 상무와 가깝게 지냈다(나중에 안 사실이지만 나만 그렇게 생각했다). 골프도 자주 치고 술도 자주 마셨다.

2010년 LG그룹 통신 3사가 합병을 했다. 외부에서 CEO와 본부장이 새로 부임했다. 본부장은 부문장이라는 자리에 나를 중용하려 했다. 나는 한사코 거절했다. N 상무 포함 선배 상무가 두 명이나 있었기 때문이다. 한 번은 그냥 넘어가더니 두 번째도 거절하자, 상사가 시키는 대로 따르라며 역정을 냈다.

결국 연말에 나는 부문장으로 승진했다. 갈등의 시작이었다. 후배 상무에게 밀렸다고 생각한 C 상무는 노골적으로 싸움을 걸었다. 내가 본부장에게 붙어서 자신을 밀어내고 부문장이 되었다며 뒷담화를 하고 다녔다. 나를 '정치적'이라고도 했다. 자초지종을 얘기해도 들으려 하지 않았다. 부하 직원들 사이에서도 두 사람이 얽히는 문제가 발생하면 초긴장 상태가 되었다. 나도 포기했다. 몇 년을 그렇게 지냈다. 결국 C 상무가 먼저 전무로 승진했다. 나는 진심으로 축하해주었다. 이듬해 나도 전무가 되었다. 직원들이 둘의 관계를 걱정해 물으면 나는 특별한 일 없이 잘 지내고 있다고 답했다.

어느 날 아끼는 직원이 술자리에서 내게 충고했다. 아닐 것이라고……. 그 말이 맞았다. C 전무는 여전히 나를 경쟁 상대로 생각했고, 그렇게 행동하고 있었다. 새로운 CEO로 바뀐 그해 연말, 나는 회사를 떠났다.

소통이 안 되면 갈등이 생긴다. 상대방의 입장을 이해하지 못하고 스스로 소설을 쓴다. 갈등의 골은 더욱 깊어지고 결국 등을 돌린다. 결과는 서로에게 큰 상처가 된다. 내가 틀릴 수도 있고 상대방이 옳을 수도 있다. 내가 옳을 수도 있고 상대방이 옳을 수도 있다. 억지로라도 상대방의 관점으로 바라보라. 상대방의 입장이 되어보라. 갈등은 역기능이 더 많다. 능률이 저하되고 정신적으로 피폐해진다. 심한 경우 갈등 상대가 적이나 원수가 되기도 한다. 갈등은 사전 예방이 중요하다. 해서는 안 될 표현과 행동을 조심하는 것부터 시작하면 된다.

첫째, 상대를 비난하지 마라. '너는 단 한 번도 성공하지 못했어'

같은 극단적인 표현은 삼가라. '괜찮으면 한 번 더 부탁해도 될까?'
처럼 정중히 요청하는 것이 좋다.

둘째, 방어막부터 치지 마라. '부장이 시킨 대로 했다'라는 식으로
빠져나가려 하지 마라. '자료를 누락했다'고 깔끔하게 인정하라.

셋째, 무시하지 마라. '너 같은 꼴통이 뭘 해'처럼 경멸하는 말투
는 안 된다. 상대를 존중하는 마음을 가져라.

우리가 직장에서 겪는 갈등은 서로가 다름에서 출발한다. 가까우
면 가까울수록 나와 같은 생각이기를 더 바란다. 그러다 상대가 나
와 같지 않음을 느끼게 되면 서운해하고 미워하기도 한다. 나는 옳
고 너는 그르다는 흑백논리로 접근하는 것이다.

서로 다름을 인정하고 존중해야 한다. '내 생각은 이런데 너는 다
른 생각이구나'라고 받아들여야 한다. '틀리다'가 아니라 '다르다'
고 인식하면 갈등의 요소는 사라진다. '모르긴 해도 그럴 만한 사정
이 있겠지', '그럴 수도 있겠다'라고 이해하는 마음을 가져야 한다.
직장이란 열심히 일만 하고 지내기에도 힘든 곳이다. 불필요한 에너
지를 낭비할 필요도 그럴 여유도 없다.

'거울은 먼저 웃지 않는다'는 말이 있다. 거울은 상대방이다. 상대
방은 먼저 웃지 않는다. 내가 웃어야 상대방도 웃는다. 먼저 다가가
라. 그리고 웃어라. 내가 무슨 행동을 하는지 모르는 상대방일지라
도, 먼저 웃으며 다가가는 나에 대해 이렇게 생각할 것이다. '모르긴
해도 그럴 만한 사정이 있겠지'라고…….

7

'직장살이' 참 힘들죠?

시집살이, 셋방살이, 타향살이, 감옥살이……. '-살이'는 '어떤 일에 종사하거나 어디에 기거하여 사는 생활'의 뜻을 더하는 접미사이다. 왠지 좋은 의미로 쓰는 것 같지 않다. 직원들과 대화하다가 '직장살이'라는 표현을 처음 들었다. 시집살이에 빗대어 직장 내 상사나 선배 동기들의 등쌀에 시달리는 고충을 뜻하는 신조어란다.

직장인을 대상으로 한 설문조사에 따르면, 75% 이상의 직장인이 만성피로증후군을 호소하고 있다 한다. 만성피로증후군은 '일을 하면 쉽게 탈진하고 몸이 나른해지면서, 수면을 취해도 피로가 계속되는 증세가 6개월 이상 지속되는 경우'를 말한다. 그 원인은 확실하게 밝혀지지 않았다. 극심한 스트레스를 주된 원인으로 추정할 뿐이다. 직장생활을 하면서 화병을 앓아본 적이 있다고 응답한 비율도 83%

나 되었다. 화병을 앓은 이유는 '인간관계에 따른 갈등'이 52%로 가장 많았다.

얼마나 힘들면 직장이라는 곳이 학교에서 배운 것처럼 '자아실현의 장(場)'이 되지 못하고, 마지못해 출근하는 '스트레스의 장'이 되었을까? 무엇이 직장생활을 그토록 힘들게 만드는 것일까? 사회 초년생이 첫 직장을 그만두기까지 걸리는 시간은 대략 1년 2개월이고, 10명 중 6명이 회사를 그만둔다는 기사도 있었다.

학교는 돈을 내고 다닌다. 성적이 나빠도, 땡땡이를 쳐도 크게 문제 되지 않는다. 직장은 돈을 받고 그 대가로 육체적·정신적 노동을 제공하는 곳이다. 돈의 값어치를 제대로 하지 못하면 질타와 비난이 쏟아진다. 그로 말미암아 스트레스도 받고 때로는 마음의 상처를 깊이 입는다. 직장생활이 힘든 이유다.

직장생활을 가장 힘들게 만드는 존재는 대개 상사다. 직장에서 상사는 시어머니 같은 역할을 한다. 그래서 '시상사'라고도 한다. "요즘 애들은", "내가 그 시절에는" 하면서 자리에 앉은 채 지시만 한다. 일 처리를 하는 것을 보면 딱히 배울 것도 없는 무늬만 상사인 경우도 부지기수다. '또라이'만 아니면 다행이라고 넘어가야 할까!

무엇이 잘못된 것인지도 모른 채 상사에게 깨지고 오면 옆자리 선배가 위로해준다. 그나마 좋은 선배라도 곁에 있으면 상사 대신 따르고 업무를 배우면 된다. 문제는 '때리는 시어머니보다 말리는 시누이'가 더 얄미운 경우다. 선임이랍시고 한 술 더 뜬다. 업무는 안 가르쳐주면서 일을 그따위로 해서 분위기 망친다고 면박만 준다. 오늘도 스트레스 지수는 변함없이 '만땅'이다.

🖋 행복하게 사는 삶

예전에는 사무실에서 나오면 '회사일 끝!'이었다. 하지만 요즘은 스마트폰 때문에 끝나도 끝난 게 아닌 경우가 다반사다. '업무 단톡 방'이 있어 퇴근 후에도 수시로 카톡이 날아온다. 한국노동연구원의 조사에 따르면, 직장인 86%가 퇴근 후나 휴일에 스마트 기기를 통해 업무를 수행한 경험이 있다고 응답했다. 무시하고 싶어 알림음을 바꾸고 심지어 비행기모드로도 해보지만 소용이 없다. 신경을 안 쓰려고 하면 할수록 더 신경 쓰이는 게, 싫지만 사실이다. 지난해 '퇴근 후 카톡금지법'이 발의되었다는 사실에 수많은 미생이 희망을 품었다. 하지만 언제 국회를 통과할지 모른다(2018년 12월 현재 국회 계류 중).

프랑스에서는 '연결되지 않을 권리(Right to Disconnect)'가 포함된 개정노동법, 일명 '엘 콤리(El Khomri)'법이 시행 중이다. 50인 이상 기업을 대상으로 업무시간 외에 디지털 기기를 사용해 연락하는 것을 차단하는 내용이다. 부득이하게 업무상 필요할 경우는 노사교섭을 통해 별도 지침을 둘 수 있도록 했다.

전 직장에서는 회사 차원에서 밤 10시 이후 카톡 금지를 지시했다. 이를 위반할 경우 해당 보임자의 직책 해제라는 인사 조치를 취한다. 강제적으로라도 퇴근 후의 삶을 보장하기로 한 것이다. 나는 팀장 시절 한동안 이른바 '유령진동증후군'에 시달렸다. 내가 다니던 회사는 온라인 기업의 전산시스템을 운영·관리해주는 곳이었다. 온라인 기업 특성상 네트워크 장애에 민감할 수밖에 없다. 그래서 운영 인력과 팀장들에게 장애 발생 시 자동으로 문자메시지가 전달된다. 당시 메일로 유명한 D사의 메일시스템에 장애가 발생했다. 장애 문자가 폭주하기 시작했다. 홍보 업무를 겸하고 있던 나는 기자들의 문의 전화에 하루 종일 시달려야 했다.

그 후로도 몇 차례 곤욕을 치른 나는 일상의 문자에도 가슴이 철렁하곤 했다. 나중에는 실제로 문자메시지가 오지도 않았는데, 진동을 느꼈다는 착각에 시달렸다. 휴대전화를 수시로 확인하는 일이 잦아졌다. 증상은 밤에도 이어져 자다가도 몇 번씩 휴대전화를 확인했다. 이는 심한 두통과 수면장애로 이어졌는데 일종의 '불안장애'였다. 도저히 견디기 힘든 상황까지 이르렀다. 상사에게 보고하고 퇴근 후에 휴대전화를 꺼두었다. 증세가 사라지기까지 3개월이 걸렸다. 퇴근 후에는 업무에서 자동으로 로그아웃되면 얼마나 좋을까 싶었다.

얼마 전, 직장을 다니다 출산 후 한 달도 안 돼 회사를 떠난 여성이 5년간 111명에 이른다는 기사를 보았다. 고용보험 실적으로 분석한 것이라, 실제는 이보다 훨씬 많을 것이라고 한다. 자신이 원한 경우도 있지만 출산 여성에 대한 회사의 압박이 주 원인이라고 한다.

그날 저녁 결혼을 앞둔 큰딸과 오랜만에 대화를 나누었다. 신혼집은 친정 근처에 얻는다고 한다. 출산 후에도 직장생활을 계속해야 하는데 친정엄마가 편하다는 게 이유였다. 워킹맘으로 생활하는 것이 힘들다는 것은 익히 알고 있었다. 하지만 퇴직 후 아내와 자유로운 삶을 기대하고 있던 나는 머리가 복잡해졌다. 그렇다고 딸아이 문제를 나 몰라라 할 수도 없는 노릇 아닌가. 결혼하고 아이 낳고 어쩌면 인생의 가장 행복한 순간을, 일하랴 아이 돌보랴 정신없이 살아야 하는 현실이 서글프다. 직장에 다니는 두 딸을 가진 아빠의 입장과, 워킹맘 직원과 함께 일하는 상사의 입장이 교차했다. 우리 딸은 시집살이, 직장살이 하지 않고 살았으면 좋겠다고 생각하는 건 이기적인 심보일까. 이 시대를 사는 워킹맘들이 아이 돌보는 걱정 안 하고 행복해질 수 있었으면 좋겠다.

요즘도 군대 동기들과 가끔 모임을 갖는다. 젊음의 끝자락에서 공유할 만한 추억이 많기 때문이겠다. 최근 오너 일가 이슈로 세상을 떠들썩하게 만들고 있는 D사에 다니는 친구와 자리를 함께했다. 내년부터 '임금피크'에 걸려 매년 연봉이 10%씩 준다고 푸념한다. 팀장 자리는 작년에 밀려났고 부하였던 차장이 현재 자신의 팀장이란다. 팀장 시절엔 협력 업체 사장과 임원만 상대했는데, 지금은 차장, 부장이 주 상대가 되었단다. 나는 딴생각 말고 끝까지 붙어 있으라고 조언했다. 그런데 욕만 먹었다. 그냥 들어주기만 했어야 했다. 대기업 임원을 오래 한 놈이 그렇게 말하면 안 된다고 했다. 팀장 자리에서도 밀려나 깎인 월급 받아가며, 후배 밑에서 일해야 하는 심정을 제대로 알지도 못하면서 그런 소리 하냐고 통박했다.

퇴직과 임금피크를 앞둔 이 시대 중년들도 마음 편히 직장에 다닐 수 있었으면 좋겠다. 문득 양창순 저자가 《나는 까칠하게 살기로 했다》에서 한 말이 떠오른다.

'행복하기를, 성공하기를 바라지만 그 결과는 우리 몫이 아닐 때가 훨씬 많은 게 인생이다. 그러므로 어떤 의미에서는 노력하는 과정을 즐기는 수밖에 우리가 할 수 있는 것은 없을지도 모른다.'

〰️ 주도적으로 살자

일부를 제외하고 직장이라는 곳은 크고 자은 경제적 이슈를 해결하는 유일한 수단이다. 당장 그만두고 싶어도 참고 다니는 이유는 대출금 상환이나 자녀 학원비 같은 현실적 문제 때문이다. 직장인들은 삶의 많은 시간을 직장에서 보낸다. 주당 52시간제가 시행되었어도 깨어 있는 시간의 절반 이상은 직장에서 보내야 한다. 직장을 지금보다 행복하고 즐거운 곳으로 만들어야 하는 이유다.

직장생활이 힘들면 참고 견디지만 말고 벗어나려 발버둥을 쳐야 한다. 뻔한 말이지만 일과 삶을 분리하는 노력을 해야 한다. 가끔은 고개를 들고 제대로 가고 있는지 돌아봐야 한다. '살이'는 수동적이다. '살이'는 주도적이지 못하고 끌려가는 삶이다. '살이'에는 벗어나고자 하는 욕구가 숨어 있다. 이왕 사는 거 주도적으로 살자. 내가 주인으로 살자. 한 번뿐인 인생은 '살이'가 아닌, '살기'가 되어야 마땅하다. 그래야 행복해질 수 있다.

Chapter 2

직장에서 인정받는 사람은
따로 있다

1

가까이 사는 친구가 지각한다

15년 전, 3월의 마지막 주 토요일 아침. 사무실 벽시계는 9시 30분을 향하고 있었다. 9시가 넘어가면서 슬슬 열이 오르기 시작한 나는 30분이 되자 팀원들에게 물었다.

"S 과장 아직 출근 안 했나?"

아무도 답이 없었다.

"혹시 S 과장 늦는다고 연락받은 사람?"

이번에도 답이 없었다. S 과장에게 전화를 걸었다. 첫마디가 "여보세요"였다. 팀장인 내 번호를 저장조차 안 해놓았는지, 아니면 일부러 그렇게 받은 건지는 알 수 없었다.

"나 팀장인데, 출근도 안 하고 연락도 없고 지금 뭐 하는 건데?"

"지난번에 마지막 주 토요일은 무조건 반차 쓴다고 말씀드렸느

데요."

"휴가는 사전에 보고하고 쓰라고 내가 분명히 얘기했을 텐데."

"한 번 말씀드렸음 됐지, 왜 그러시는데요?"

기 싸움으로 시작한 대화가 점점 감정싸움으로 번졌다. 몇 마디 대화가 더 오간 후, 나는 더 이상 참지 못하고 결국 폭발하고 말았다.

"이 XX야! 네가 팀장이야! 네가 뭔데 다 결정하고 통보하는데? 당장 튀어 와! 안 그러면 무단결근으로 처리할 테니까!"

이성을 잃었다. 입에서는 쏟아져 나오는 육두문자가 사무실 전체를 마구 할퀴었다. 이번 한 번만 봐달라는 S 과장의 읍소도 소용없었다. 30분 뒤, S 과장은 사무실에 출근했다.

🎵 지킬 건 지키자

그날의 행동은 내가 생각해도 심했다. 사람마다 특별히 민감하게 반응하거나 싫어하는 행동이 있다고 한다. 굳이 변명하자면 그날 나의 행동도 그런 경우다.

내가 가장 싫어하는 건 '시간관리'를 엉망으로 하는 것이다. 지척에 사는 사람이 오히려 더 자주 지각한다. 학교 다닐 때도 그랬다. 버스를 두 번 갈아타고 한 시간 넘게 걸려 등교하던 나보다 걸어서 10분도 안 되는 거리에 사는 친구가 더 늦곤 했다.

지각은 습관이다. 일어나려는 의지가 약하고 잠자리에서 벗어나길 귀찮아하는 것이다. '조금 늦는 건 괜찮겠지, 별것 아니겠지' 하고 생각한다. 9시가 다 되어서 겨우 사무실에 도착한다. 숨을 헐떡이며 들어와 자리에 가방만 놓고 커피부터 한 잔 마신다. 그다음 화장실도 간다. 흡연자는 담배도 피우러 나간다. 출근 후 10~20분이 지나서야 업무를 시작한다.

　회사가 말하는 '9시 출근'의 의미는 '9시 도착'이 아니다. 9시에 업무를 시작하라는 뜻이다. 적어도 10분 전에 도착해서 화장실도 다녀오고, 차도 한 잔 마시고 정시에 업무를 시작하라는 의미다. 점심시간도 마찬가지다. 구내식당이 있던 전 직장에서는 직원들에게 11시 40분과 12시 10분 두 그룹으로 나누어 식사할 것을 권했다. 한 시간뿐인 점심시간을 직원들이 효율적으로 쓰길 바란 회사의 배려였다. 직원이 한꺼번에 몰리면 식당과 엘리베이터가 붐비고 기다리는 시간도 길어지기 때문이다. 하지만 배려가 오히려 점심시간을 11시 40분부터 1시 10분까지로 만들었다. 좋은 게 좋은 거라고 다들 그냥 넘어간다. 잔소리하는 사람만 직원들 뒷담화의 안주가 된다. 출퇴근 시간, 점심시간은 회사 규정이다. 규정은 회사와 직원과의 약속이다. 약속은 반드시 지켜져야 한다.

　'출근시간은 어기면 욕을 먹고, 퇴근시간은 지키면 욕을 먹는다.'
　직장생활의 농담 같은 이 사실을 명심하라.

　두 번째로 싫은 건 '복장 불량', 특히 슬리퍼 착용이다. 거의 병적으로 싫어한다. 구두나 운동화를 오래 신고 있으면 발에 땀도 나고, 여름엔 냄새도 심하다. 그래서 자리에서는 슬리퍼로 갈아 신고 있다. 문제는 화장실 갈 때도 흡연하러 갈 때도 슬리퍼를 짐짐 끌고 다닌다는 사실이다. 슬리퍼 신고 여기저기 돌아다니는 직원을 보면 참지 못하고 잔소리한다. 그런 모습이 결국 자신의 이미지로 굳어버리기 때문이다. 깔끔한 양복에 삼선 슬리퍼 신고 건물 한 구석에서 담배 피우고 있는 당신의 모습을 상상해보라. 정이 안 가는 모습 아닌가? 직급이 올라갈수록 슬리퍼를 멀리하라. 당신의 슬리퍼가 있어야 할 곳은 바로 당신 책상 밑이다.

복장도 마찬가지다. 요즘은 영업직을 제외하고는 '복장 자율화'를 시행하는 회사도 많다. 복장 자율화는 '자유 복장'과는 다르다. 내가 입고 싶은 대로 입는 게 아니라는 의미다. 회사는 대인관계를 바탕으로 일을 하는 곳이다. 내 마음뿐만 아니라 상대방의 마음도 헤아리며 일을 해야 한다. 당신이 연구실이나 개발실에서 홀로 작업하는 직장인이 아니라면, 당신의 복장과 스타일은 당신 혼자만의 것이 아니다. 창의와 자율을 핑계로 상대의 마음까지 어지럽히지는 말자. 그렇다고 무조건 갖춰 입으라는 건 아니다. 때와 장소와 상황에 맞는 복장을 갖추라는 것이다.

🪜 10가지 직장생활 기본기

직장생활을 제대로 하려면 먼저 기본기부터 충실히 해야 한다.

첫째, 시간 엄수다. 출근, 점심시간은 물론 회의와 미팅 등 모든 시간 약속을 반드시 지켜라.

둘째, 적자생존이다. 적는 사람이 오래 살아남는다. 상사의 지시는 물론 상사의 기억까지 소환할 수 있도록 메모는 늘 필수다. 상사가 듣기 싫은 잔소리를 할 때 '딴 짓' 용도로도 괜찮다.

셋째, 일 잘하는 법을 배워라. 직장은 학교가 아니다. 가르쳐줄 선생님은 없다. 스스로 보고 배우고 따라 하며 노력하라. 결과로 말하는 법을 배워라.

넷째, 계속 성장하라. 일의 범위도 넓혀가고 일의 난도(難度)도 높여라. 당신의 월급이 올라가듯 당신의 역량도 비례해서 커져야 한다.

다섯째, 회사 말투를 써라. 상사에게는 공손하고 부하에게는 다정한 말투가 필요하다. 상사라고 직원을 막말로 대해서는 안 된다. 말은 당신의 인격이다. 서로 예의를 갖추어 대하라.

여섯째, 인상 쓰지 마라. 웃는 얼굴에 침 못 뱉는다. 웃는 표정, 밝은 모습이 분위기를 바꾼다. 특히 상사의 표정은 그날의 조직 분위기를 좌우한다. 웬만하면 그냥 웃어라.

일곱째, 평계대지 마라. 잘못했다면 쿨하게 인정하라. 거짓말은 삼가라. 언젠가는 들통 나게 되어 있고 결국 당신에 대한 믿음에 틈이 생긴다. 한 번 틈이 생긴 신뢰를 다시 붙이기란 쉽지 않다.

여덟째, 바른 태도를 유지하라. 상대방이 말할 때 팔짱을 끼고 있거나 모니터만 바라본 채 상대방의 말을 듣는 행동은 피하라. 미국 심리학자 앨버트 메라비언(Albert Mehrabian)이 발표한 '메라비언의 법칙'이 있다. 상대방에 대한 인상이나 호감을 결정하는 데에서, 목소리는 38%, 보디랭귀지는 55%의 영향을 미치는 반면, 말하는 내용은 겨우 7%만 작용한다는 이론이다. 효과적인 소통에서 말보다

비언어적 요소인 시각과 청각에 의해 더 큰 영향을 받는다는 것이다. 당신이 모니터를 응시한 채 귀로만 듣는다면, 상대방이 하고자 하는 말의 7%만 듣는 것과 같다. 기본에 충실하면 소통도 쉬워진다.

아홉째, 능동적으로 하라. 끌려다니지 말고 적극적으로 먼저 손을 내밀어라. 시키는 것만 하는 사람, 마지못해 억지로 하는 사람은 스스로 한계를 만드는 것과 같다.

열째, 겸손하라. 벼는 익어서 고개를 숙이는 게 아니라 익기 위해 고개를 숙인다는 해석이 있다. 겸손한 당신 곁에는 결국 적은 사라지고 아군만 남을 것이다.

기본기라는 '틀' 안에 당신을 가두려는 것은 아니다. 틀 밖에 있으면 주변의 따가운 눈총과 계속되는 잔소리에 시달리게 된다. 오히려 틀 안에 있을 때가 자유롭고 마음 편하고 인정받는 것이 직장생활이다.

시간을 관리하는 것은 직장생활의 기본 중 기본이다. 일을 해서 성과를 내는 것은 직장생활의 핵심이다. 기본이 잘되어 있어야 핵심도 빛을 발할 수 있다. 제대로 된 건축물은 기초부터 단단히 다졌기에 흔들리지 않는다. 기본이 부족한 사람은 아무리 성과가 좋아도 모래 위에 쌓은 탑에 불과하다. 한순간에 무너질 수 있다. 시간을 다스리는 것은 결국 자신을 다스리는 것과 같다. 다시 기본으로 돌아가라. 복장이나 스타일은 마음의 인상이다. 화려하고 값비싼 옷보다는 깔끔하고 단정한 복장에 호감을 갖는다. 특정일이나 행사 때만 잘 갖춰 입으려 하지 마라. 당신을 지켜보는 눈은 곳곳에 있다. 당신만의 이미지는 하루아침에 구축되지 않는다. 옷 잘 입는 사람, 깨끗한 사람으로 이미지가 형성된다는 건 굉장한 장점이다. 당신의 단정한 외모와 스타일이 반드시 성공을 의미하지는 않지만, 그 성공을 앞당길 수는 있다.

2

장점을 살릴까,
단점을 보완할까?

과장 때였다. 사내 강사였던 나는 신입 사원을 대상으로 회사 서비스와 직장생활에 기초가 되는 태도와 정신에 대해 강의하던 참이었다.

"강사님! 직장생활을 잘하려면 장점을 살려야 합니까, 단점을 줄여야 합니까?"

맨 앞줄에서 열심히 강의를 듣던 신입 사원의 질문이었다. 다른 사람들도 궁금하다는 표정으로 내 답변을 기다리고 있었다. 잠깐 생각한 후 나는 이렇게 답하고 말았다.

"둘 다 하세요."

당시 내 답변이 얼마나 성의 없고 한심했는지는 그 후 몇 년이 지나서야 알게 되었다. 현실적으로 불가능에 가까운 일을 나는 신입

사원에게 요구했던 것이다.

"내성적 성격이라 주위 사람들과 잘 어울리지 못합니다."

"키가 작아서 주눅이 듭니다."

장점과 단점은 주로 우리의 감정·태도와 밀접한 관계가 있는데, 타고나거나 오랜 시간 살아온 환경에 강한 영향을 받는다. 장점의 발전과 단점의 개선이 힘든 이유다.

장점은 사람들에게 호감을 주는 모습이다. 배울 점이나 존경심을 유발하는 것이다. 장단점은 대부분 성격적인 측면에서 많이 언급된다. 긍정적이다, 책임감이 있다, 소심하다 등등 장점과 단점은 말 그대로 길고(長) 짧은(短) 것에 불과하다. 키가 큰 사람이 있는 반면 작은 사람도 있고, 내성적인 사람도 있는 반면 외향적인 사람도 있다. 말주변이 부족해 잘 어울리지 못하는 사람에 대해 입이 무거워 함부로 뒷담화를 안 할 것이라고 좋게 볼 수도 있다.

장점은 영어로 'Advantage'인데, 이점이 있다는 뜻이다. 단점은 '게으르다', '감정적이다'처럼 비호감을 느끼게 하는 전형적인 모습이다. 누구에게나 장점도 있고 단점도 있다. 누구나 단점을 없애거나 줄이고 싶어 한다. 그리고 장점이 돋보이길 바란다. 직장은 비슷한 경쟁력을 가진 사람들끼리 모여 있는 집단이다. 그곳에서 나의 장점을 살리고 단점을 줄여 남들과의 경쟁에서 앞서가려는 것은 인지상정이다.

나는 업무상 골프를 자주 친다. 골퍼들은 드라이버 거리가 확장되길 원한다. 장비도 새로운 것으로 바꾸고 연습장도 열심히 다니면서 거리 늘리기에 집중한다. 공이 멀리 나가면 그만큼 유리하기 때문이다. 핀까지 남은 거리가 짧을수록 스코어를 줄이기가 쉽다. 고객사의 B 상무는 체구도 작고 드라이버 거리도 짧다. 그런데 나는 내기에서 B 상무를 한 번도 이긴 적이 없다. B 상무는 짧은 드라이버는 그대로 두고 아이언과 그린 근처 샷에 집중 투자했다. 결국 핸디캡도 낮아지고 내기에서도 지지 않는 마인드까지 보유하게 되었다. 만일 B 상무가 드라이버 거리 늘리기에 시간을 투자했다면 겨우 남들을 따라가는 수준에 그쳤을 것이다.

이처럼 단점은 흠이 아니다. 남들보다 조금 짧은 것이다. 조금 부족한 것이다. 다른 것으로 얼마든지 보완할 수 있다.

"친화력이 좋아서 처음 보는 사람들과도 금방 친숙해집니다."

"영어와 중국어는 원어민 수준입니다."

"숫자에 약하고 꼼꼼함이 부족해요."

"술만 마시면 절제를 못하고 인사불성이 됩니다."

장단점과는 달리 강점과 약점은 개인의 능력과 연결된다. 단순하게 남들보다 쉽게 하면 강점이 될 수 있다. 한 분야의 스페셜리스트는 그 분야에서 자신의 재능에 강점이 있는 사람들이다. 끝에 '○○력'이 붙으면 재능이라고 할 수 있다.

강점은 남들과 비교해서 뛰어난 점이다. 차별화 포인트가 된다. 영어도 'Strength'다. 말 그대로 남들보다 센 거다. 이길 확률이 높다는 의미다. 주위 사람들이 부러움을 느끼는 것이다. 친화력이 좋은 사람이 영업 관련 부서에서 일한다면, 그렇지 않은 사람보다 더 좋은 실적을 낼 가능성이 높을 것이다. 외국어 실력이 좋다면 글로벌 업무에서 진가를 발휘할 수 있을 것이다. 하지만 약점은 상사나 동료로부터 질책이나 비난을 받게 된다. 남들로 하여금 거리를 두게 만든다. 숫자에 약하고 꼼꼼하지 못한 사람에게 회계나 실적관리 업무를 맡길 회사는 없다. 그만큼 내가 일할 수 있는 자리가 줄어드는 것이다.

🛉 강점에 집중하라

에릭 시노웨이(Eric Sinoway)의 《하워드의 선물》에는 다음과 같은 대화가 나온다.

"우선 약점에 매달리지 말아야지. 그보다는 어떻게 하면 자신의 강점을 좀 더 강화할 것인가에 집중해야 해. 게다가 약점은 누구나 달가워하지 않기 때문에 그걸 개선하려면 지적 에너지뿐만 아니라 감정적인 에너지도 엄청나게 투자해야 해. 이 얼마나 손해 보는 장사인가?"

약점에 매달리지 말고 강점에 집중하라는 역설이다. 강점은 타고날 수도, 후천적으로 만들어질 수도 있다. 자신감의 척도가 된다. IQ 228로 기네스 최고 기록 보유자인 메릴린 사반트(Marilyn vos Savant)는 성공의 비결을 묻는 사람들의 질문에 이렇게 말했다.

"성공은 각자의 강점을 강화시킴으로써 얻을 수 있는 것이지, 약점을 없앰으로써 얻을 수 있는 것이 아니다."

또한《자본 늘리기》의 저자 다니엘 S. 페냐(Daniel S. Penna)는 이렇게 주장한다.

"자신의 약점을 상대로 싸우는 사람은 기껏 평균에 도달하기 위해 많은 에너지를 소모하는 사람이다. 당신을 부자로 만드는 것은 당신이 지닌 강점들이다. 이기기 위해 게임을 하는 것과 지지 않기 위해 게임을 하는 것은 큰 차이가 있다."

나를 성공하게 하는 것은 나의 강점이 맞지만, 나를 실패하게 하는 것은 나의 약점 때문이다. 나의 강점이 모자라서가 아니다. 이와 관련하여《최후의 몰입》에서는 배드민턴 금메달리스트 이용대 선수의 말을 소개한다. 그는 단점을 보완하느라 장점마저 약하게 만드는 것은 독이 될 수 있다고 지적했다.

"장점을 강점으로 만드는 게 더 중요해요. 저는 네트 플레이가 장점인 선수였어요. 하지만 후위 공격이 약해서 상대가 이를 간파하고 저를 자꾸 뒤로 보내려고 하더라고요. 제가 이 부분을 보완하려고 웨이트 트레이닝을 했어요. 그런데 그 과정에서 제가 잘못했던 게 뭐냐면 제 장점이었던 네트 플레이를 강점으로 만들지 못한 거예요. 단점을 보완하는 것에 치중하니까 장점도 평범해지더라고요. 장점을 강점으로 만든 다음 단점을 보완했어야 했는데 그게 가장 아쉽더라고요."

회사에서 모든 일을 잘하는 사람이란 없다. A는 영업을 잘하고, B는 기획을 잘하고, C는 기술력이 좋다면 분야별로 특화된 전문가로 성장하는 것이 회사나 본인에게 유리하다.

본인이 일하는 분야에서 그냥 일 잘한다는 소리만 듣지 말라. 영어 실력이 탁월한 사람, 보고서를 기가 막히게 쓰는 사람, 실행력이 뛰어난 사람과 같이 남과 다르다는 소리를 들어라. 그것이 당신의 장점이고 강점이며, 당신만의 차별화된 경쟁력이다.

장점과 단점에 너무 연연해하지 말라. 먼저 자신이 잘하는 것에 집중하라. 그것을 강점으로 만들어라. 남들과 비교해 경쟁력을 가질 수 있게 만들어라. 그것으로 남들보다 앞서 나아가라.

단점은 잊어라. 단점 때문에 심리적으로 압박을 받는다면 그것을 개선하려 노력해야 한다. 단점이 공격 대상이 되고 비난받을 수 있을 정도라면 그건 당신의 약점이다. 약점은 언젠가 당신의 발목을 잡는다. 약점은 직장생활을 계속한다면 반드시 없애거나 줄여야 한다. 물론 그렇다고 성공한다는 의미는 아니다. 약점으로 말미암아 실패하지는 않는다는 뜻이다.

당신의 약점은 당신의 강점으로 덮어라. 약점을 신경 쓰다 강점마저 무뎌지게 만드는 우는 범하지 말아야 한다.

3

내일 할 수 있는 일을 오늘 하지 마라

신입 사원 시절이었다. 나는 기획조정실장 후배인 우리 부장의 요청으로 신입 사원 연수를 마치자마자 기술본부 관리과로 재배치되었다. KT와 경쟁하는 유선통신사업자로서 각종 통신기술 표준을 정하고 시설을 구축하는 부서에서 관리 업무를 맡았다. 현업 부서의 자료를 취합하고 예산을 책정하고 집행·관리하는 게 주 업무였다. 대리 두 사람은 나름대로 중요한 일이 주어지는 것 같았다. 나와 입사 1년 선배인 C 사원에게는 허드렛일들이 끊임없이 주어졌다.

월요일 아침이 되면 한 주간 처리해야 할 일들을 확인하고 시급한 순서에 따라 처리해 나아갔다. 시간이 지나면서 일 처리 속도가 빨라졌다. 처음엔 꼬박 일주일 걸렸던 일들을 얼마 지나자 수요일이면 끝낼 수 있었다. 문과 출신인 나는 통신 기술 관련 지식이 부족했기에 일을 빨리 끝내고 통신 공부를 할 계획을 세웠다.

과장이 하는 일이라고는 매일 신문 훑기와 점심 오래 먹기였는데, 본부장의 뒤치다꺼리가 주특기였다. 그런데 신기하게도 내가 뭘 하는지 지켜보고 있는 것 같았다. 일을 끝내고 책을 보는 낌새라도 보이면 영락없이 불러서 다른 일을 지시하는 게 아닌가! 처음엔 그냥 그러려니 하고 시킨 일을 했다. 시간이 지날수록 횟수도 늘고 내가 하지 않아도 될 일마저 주어졌다. 일을 계속 시키는 과장에게 짜증도 났다.

나를 더 화나게 하는 건 C 사원이었다. 맡은 일의 분량은 비슷한데 끝내는 시간은 언제나 토요일 아침이었다. 일과 중에는 다른 부서에서 동료들과 차 마시고 수다 떨면서 몇 시간을 보내고 돌아왔다. 그런 C 사원에게 과장은 추가로 일을 지시한 적이 없었다. 게다가 일을 꼼꼼히 잘 처리한다고 칭찬까지 하는 게 아닌가. 참다못한 나는 C 사원에 물었다.

"제가 보기엔 삼사 일이면 끝낼 수 있는 일인데, 왜 토요일까지 끌고 갑니까?"

C 사원이 씨익, 썩은 미소를 지었다.

"일찍 끝내면 뭐 합니까? 새로운 일만 더 줄 텐데. 아직 신입이라 잘 몰라서 그러는 모양인데, 일은 원래 마감 시한까지 늘어지게 되어 있는 법입니다. 시간이 길어지면 늦는 게 아니라 충분히 검토하는 줄 압니다. 다른 부서에서 시간 보내다 오면 협의를 거치는 줄 알고요. 일찍 끝내고 일 더 한다고 월급 더 줍니까? 일 잘했다고 평가등급을 잘 줍니까? 어차피 시간 지나면 월급은 오르고 때가 되면 승진하고 그러면 됩니다. '월급 받는 만큼만 일하자. 내일 일은 내일 하자.' 저도 선배한테 배운 겁니다."

C 사원의 대답에 나는 머리를 한 대 맞은 느낌이었다. 나중에 안 사실이지만 많은 사람이 그와 같은 생각을 가지고 있었다. 전직 공무원이던 과장은 직원들의 그런 태도를 알면서 넘어갔던 건지 정말 몰랐던 건지, 30년이 지난 지금도 나는 잘 모르겠다.

〰️ 일중독은 안 된다

일을 하지 않으면 불안해하고 늘 뭔가에 쫓기듯 살고 있는 직장인도 자주 본다. 잡코리아 조사에 따르면 직장인의 28%가 일중독자, '워커홀릭(Workaholic)'이라고 답했다 한다. 부장 이상의 임원급은 절반 이상이 스스로를 일중독자라고 칭한다. 일중독자는 '근무시간 후에도 계속 일에 대한 고민을 하거나, 일을 하지 않으면 불안해지는 상태'로 정의한다. 일에 대한 성취욕과 강박관념이 강하고, 완벽을 추구하는 사람에게 나타나는 일종의 정신질환 증세다.

다음은 〈건강다이제스트〉에서 열거한 일중독 체크리스트다.

▶ 퇴근 후에도 일 걱정을 많이 하는 편이다.

▶ 늦게 잠들어도 아침에 일찍 일어난다.

▶ 일이 많아서 휴가는 엄두도 못 낸다.

▶일을 하지 않고 쉴 때는 안절부절못한다.

▶경쟁심이 강하고 일에 승부를 건다는 말을 자주 듣는다.

▶주말이나 휴일에도 일을 해야 마음이 편하다.

▶언제 어디서나 일할 자세와 준비가 되어 있다.

▶점심을 먹으면서 일하거나 무언가를 읽는다.

▶매일 할 일을 빽빽하게 적은 일과표를 갖고 있다.

▶일 이외에 다른 것은 별 관심이 없다.

10개 문항 중 8개 이상 해당되면 일중독이 의심된다. 일중독에서 벗어나려면 회사 안과 회사 밖을 확실히 구분해야 한다. 회사를 나설 때 모든 것을 회사에 두고 나와라. 집으로 싸들고 가지 마라. 집은 가족과 함께 시간을 보내고 대화를 나누는 곳이다. 몸은 퇴근했는데 머리는 아직 회사에 남겨두는 건 바보짓이다. 많은 직장인이 내일 해도 되는 일을 오늘 걱정한다. 내일 일은 내일 하면 된다.

직장에서도 가끔은 여유를 부릴 필요가 있다. 일을 설렁설렁 하라는 게 아니다. 동료들과 차도 마시고, '칼퇴'는 아니더라도 조금 일찍 퇴근하는 느긋함을 가져보라는 거다. 그럴 때에도 일은 열심히 하는 것처럼 행동해야 한다는 사실은 잊어서는 안 된다.

동료들과 커피 마시다 자리로 돌아올 때는 바쁜 발걸음으로 와라. 다소 헉헉거리는 모습도 괜찮다. 마치 다른 부서와 열심히 협의를 하고 서둘러 자리로 돌아오는 듯한 모습을 연출하라. 한 손에 작은 수첩을 들고 다니는 것은 언제나 유용하다. 퇴근할 때는 하루 종일 열심히 일한 것처럼 지친 표정을 지어라. 진이 다 빠진 당신의 모습에 상사와 동료가 애처로움을 느낄 수 있도록 해야 한다. 특히 다른 사람보다 조금 일찍 퇴근할 때는 반드시 필요하다.

그리고 상사가 자리에 앉아 있을 때에는 절대로 한가한 티를 내서는 안 된다. 일하는 시늉이라도 하고 있어라. 가끔 상사가 불러도 일에 집중하는 것처럼 못 들은 척하는 것도 괜찮다. 하지만 딱 한 번만 해야지, 두세 번 하면 오히려 역효과가 날 수도 있다.

균형감을 가져라

진정한 일과 삶의 균형은 오늘에 충실하되, 내일 할 수 있는 일은 내일 하는 것이다. 균형감을 가져야 한다. 균형의 사전적 의미는 '어느 한쪽으로 기울거나 치우치지 아니하고 고른 상태'다. 일이나 삶, 어느 한쪽으로 치우쳐서는 안 된다. 과거에 집착해서도, 불확실한 미래에 매달려서도 안 된다. 애니메이션 〈쿵푸팬더〉에서 시푸 사부는 말한다.

"옛말에 이런 말이 있지. 어제는 지나간 역사고 내일은 알 수 없는 미스터리지만 오늘은 선물과도 같다고. 그래서 오늘 현재를 바로 프레즌트(Present)라고 부르는 거야."

오늘은 선물이니, 현재에 충실하라는 의미다. 충실하라는 말은 하루 종일 일에 매달려 살라는 의미가 아니다. 지금 하고 있는 일에 그저 최선을 다하라는 말이다. 할 수 있는 최대치의 양적 의미가 아닌,

질의 문제다. 내 경험에 비춰볼 때 일을 많이 하는 것은 그리 중요하지 않다. 좋은 결과를 가져올 수 있도록 최선을 다하는 자세가 필요하다. 대충 때우고 넘기는 것은 제대로 일한 것이 아니다. 그렇다고 모든 일에 완벽을 추구할 필요는 없다. 완벽주의자들은 머릿속이 온통 일로만 가득할 뿐 아니라 결과에 대해서도 늘 불안해한다.

"매일 하루를 끝내면 그걸로 그날 일은 잊어라. 당신이 할 수 있는 건 다했다. 분명 그날 했던 실수와 바보 같은 일들이 슬금슬금 마음속에 들어올 것이다. 가능한 한 빨리 잊어라. 내일은 새로운 날, 즐겁고 차분한 마음으로 새날을 시작하라."

이는《어떻게 배울 것인가》의 저자 존 맥스웰(John Maxwell)의 말이다. 완벽하지 않아도 조금 부족해도 괜찮다. 오늘 일에 최선을 다하고 그날 일은 잊어야 한다. 그래야 내일을 새롭게 시작할 수 있다.

모든 것을 다 잘하면서 단점 하나 찾기 힘든 직장인은 이 세상에 존재하지 않는다. 완벽한 직장인이 되어야 한다는 생각이 바로 우울한 직장인을 만드는 가장 큰 원인이다. 일에 너무 집착하지 마라. 그렇다고 일을 미루고 지연하라는 의미는 아니다.

지금 이 순간은 당신 삶에서 다시 오지 않을 선물이다. 오늘 당신의 삶에 충실하라. 그리고 가끔은 일에서 당신을 분리시켜라. 당장 오늘 안 해도 되는 일은 과감히 잊고 비워라.

4

학연, 지연 그리고 흡연

회사에서 관계는 중요하다. 특히 우리나라 사람들은 '연(緣)'을 좋아한다. '편 가르기'도 좋아한다. 직장생활을 하면서 "누구와 가깝다", "누구 사람이다" 하는 말을 참 많이 들었다. 정작 당사자는 아무 생각도 없는데 주변에서 이렇게 줄긋고 저렇게 묶어놓는다. 전무로 승진한 내게 부장 한 명이 질문했다. 내가 윗선에 줄이 있어서 승진했다고 생각한 모양이었다.

"전무님! 라인 있으세요?"

어이가 없어 내가 이렇게 답했다.

"라인 없는데? 카카오 쓰는데?"

라인을 N사에서 제공하는 메신저로 취급해버린 것이다. 내 딴에는 괜찮은 농담이라고 생각했는데, 질문한 그 부장은 무슨 말인지 못 알아듣는 눈치였다.

요즘은 학연, 지연도 있지만 담배로 맺어진 '흡연'이 직장 인간관계에서 중요한 역할을 한다. 흡연자들끼리 자주 보고 대화를 나누고 '번개'도 가끔 치는 끈끈한 관계가 형성된다. 잘 모르는 사이라도 옆에서 소개도 해주고 인사도 나누는 '관계의 장'이 되는 것이다. 흡연은 스트레스 해소 역할도 크다. 깊이 들이마셔 내뱉는 담배 연기는 가슴속 깊은 응어리도 함께 날려버리는 느낌마저 든다.

나는 20년 전에 담배를 끊었다. 20년 가까이 피워온 담배를 그냥 피우기 싫어서 끊은 특이한 케이스다. 그래서인지 사실, 흡연하는 직원이 그리 달갑지는 않다. 담배 냄새 풍기는 건 별로다. 요즘 전자담배가 늘면서 예전보다는 덜하지만 그래도 담배 냄새는 싫다. 흡연자들은 상사에게 보고하기 전에 가글이나 양치를 한다는 얘기도 들었다. 가끔 직원을 찾으면 담배 피우러 가서 자리를 비웠을 때도 많다. 한겨울, 건물 한쪽에 모여서 오들오들 떨며 흡연하는 모습을 보노라면 처량한 느낌마저 든다. 지나친 흡연으로 자신의 건강을 해치지 않는다면, 업무시간을 낭비하지 않는다면, 쓸데없는 소문에 휘둘리지 않는다면 흡연은 그냥 개인의 기호 문제일 터이니 누가 뭐라 하겠는가.

인간관계에서 가장 중요한 요소는 내면에 지닌 상대방에 대한 감정, 신뢰다. 《성공하는 사람들의 7가지 습관》의 저자 스티븐 코비(Stephen Covey) 박사는 인간관계에서 구축하는 신뢰의 정도를 '감정은행계좌(Emotional Bank Account)'로 표현한다.

다른 사람에게 공손하고 친절하며 정직하게 약속을 지킨다면 그것은 감정을 저축하는 셈이다. 무례하고 독단적이며 신용 없고 불친절하면 계좌는 잔고가 부족하거나 바닥을 보인다. 계좌 잔고가 플러스(+)인 사람은 신뢰가 높아져 가벼운 실수는 이해받기 쉽고 의사소통도 수월해진다. 일에 대해 즐거움을 느끼고 능률도 오른다. 잔고가 부족하거나 마이너스(-)인 사람은 마음이 불안하고 하는 말마다 신경을 써야 한다. 사물을 보는 시각도 부정적이다. 일에 대한 흥미도 못 느끼고 일을 어렵게 처리한다.

인간관계에서 감정은행계좌를 플러스로 유지하기 위해서는 첫째, 상대방을 진심으로 이해하고 관심을 갖도록 노력해야 한다. 성경에서는 '남에게 대접받고자 하는 대로 너희도 남을 대접하라'고 했다.

둘째, 약속은 작은 것이라도 철저히 지키고 상대방의 기대치를 명확히 해야 한다. 자신의 경험치를 상대방에게 투사하려 하지 마라. 언제나 명확하게 표현하고 정확하게 이해하라.

셋째, 말과 행동이 일치해야 한다. 'NATO(No Action Talk Only)족(族)'이 되어서는 안 된다. 상대가 없는 자리에서 상대를 비난하는 것은 절대 피하라. 이중성을 가져서는 신뢰를 얻을 수 없다.

넷째, 상대방의 마음에 상처를 주는 행동을 하지 마라. 만일 그랬다면 진정으로 사과하라. 실수는 인정할 수 있지만 사과를 하지 않는 사람은 인정하지 못한다.

🔖 적을 만들지 마라

역린(逆鱗). 용의 비늘 81개 중 거꾸로 난 비늘 한 개를 일컫는다. 몇 해 전 현빈이 주연을 맡은 '정조시해 미수 사건'을 다룬 영화 제목이기도 하다. 《한비자(韓非子)》 세난편(說難篇)에 나오는 '역린지화(逆鱗之禍)'에서 유래했다. 용의 역린을 건드린 자는 반드시 화를 당한다고 한다.

사람에게는 감추고 싶고 드러나길 원치 않는 약점이 있다. 그것을 건드리면 수치심이 몰려오고 자존심이 상하니 화를 내게 된다. 누구에게는 외모일 수도 있고, 누구에게는 사생활일 수도 있다. 직장생활에서 가장 유의해야 할 것을 꼽으라면, 상대의 역린을 건드리지 않는 것이다. 상대방이 치부라고 생각하는 것은 언급조차 하지 않는 게 상책이다. 문제는 상대방의 약점이 뭔지 모를 때다. 이 경우 개인 신상이나 사생활은 상대가 먼저 말하기 전에는 질문하지 않는 것이 좋다. 특히 상대가 없는 자리에서의 '뒷담화'는 더욱 조심해야 한다.

직장에서 '~카더라'가 가장 많은 곳은 흡연 장소다. 삼삼오오 모여서 자리에 없는 다른 사람 이야기를 끄집어낸다. 만일 당신이 그 자리에 있다면 듣기만 하라. 언급조차 하지 마라. 남에 대해 특히 상사에 대해 쉽게 평가하거나 자기 생각을 드러내지 마라. 내가 뱉은 말은 결국 그 사람 귀에 들어가게 되어 있다. '우리끼리 얘기인데'의 비밀이란 세상에 없다.

적을 만들지 않는 최고의 방법은 내가 누구도 적이라고 생각하지 않는 것이다. 적이 생긴다는 것은 내가 상대를 적으로 인정하는 순간부터 시작되기 때문이다. 샘 혼(Sam Horn)은 《적을 만들지 않는 대화법》에서 다음과 같이 말했다.

'남을 괴롭히거나 약점을 들추기 좋아하는 이들은 상대의 페이스가 흔들리기만을 노리고 있다. 흔들리지 않고 계속해서 그들에게 말려들지 않았다는 걸 각인시키는 것이 중요하다.'

상대방이 비난과 험담으로 아무리 흔들어도 평정심을 잃지 않고 자기 페이스를 끝까지 유지하는 자세가 필요하다.

직장에서의 인간관계는 너무 깊어도 너무 멀어도 좋지 않다. 적당한 거리를 유지하는 것이 좋다. 그래야 상대에게 바라지도 않게 되고 서운해하지도 않는다. 건강하고 건전한 관계는 똑똑한 거리 두기에서 나온다. 나 혼자 잘해주고 상대방이 안 해준다고 화내지 마라. 상대가 해달라고 한 것도 아니라면 더욱 그렇다. 내 마음이 좋아서 주었으면 그걸로 만족하라. 받을 생각도 하지 마라. 그래야 내가 편해진다. '기브 앤 테이크(Give and Take)'는 거래일 뿐 관계가 아니다.

갈등이 있을 때는 상대방을 비난하지 마라. 내가 잘못한 것은 없는지 돌아보라. 자동차사고에서 잘못한 상대방의 과실이 100%인 경우는 거의 없다. 중앙선 침범과 같이 완벽한 경우만 해당된다. 사람과의 관계도 상대방이 전적으로 잘못하는 경우는 없다. 손바닥도 마주쳐야 소리가 나는 법이다. 한 손으로는 절대 소리를 낼 수 없다. 심지어 사기를 당한 경우에도 사기꾼을 알아보지 못한 잘못은 자신에게도 있다.

🎿 내 입을 떠난 말은 더 이상 내 것이 아니다

P 상무는 사업부장을 맡고 있었다. P 상무가 내게 찾아와 본부장 험담을 했다. 사업에 대한 이해도 부족하고 영업 현장의 소리도 귀 기울이지 않는다는 불평이었다. 본부장 참모 역할을 하고 있던 나는 고민 끝에 본부장에게 사실을 전했다.

"본부장님, 사실 P 상무가 저를 찾아와 본부장님이 이렇다 저렇다 불평을 합니다. 신경을 좀 쓰셔야 할 것 같습니다."

"그래? P 상무 좀 오라고 하지. 내가 직접 확인해야겠어."

생각지 못한 본부장의 답변에 나는 당황했다.

"그러시면 P 상무한테 제가 뭐가 됩니까? 본부장님께 일러바친 것밖에 안 되지 않습니까. 저는 그냥 알고 계시라고 드린 말씀인데."

"이 상무는 내게 말을 전했으면 그걸로 끝난 거야. 그 말에 대해 내가 어떤 행동을 할지는 내가 알아서 하는 거야. 이 상무 입에서 말이 떠나는 순간, 그 말은 듣는 사람 몫이 되는 거라네. 내가 할 반응이 걱정되었으면 처음부터 전달하지 말았어야지. 내게 말을 전하면서 내 행동까지 이래라 저래라 하면 안 되지."

할 말이 없었다. 내가 근질거리는 입을 참지 못하고 말을 전하면서, 상대방의 행동이나 반응까지 통제하려고 했다는 사실이 부끄러웠다. 그 후 나는 누구에 대한 비난이나 폄하 발언은 내 안에서 수용해버리거나 아예 못 들은 것처럼 흘려버렸다. 그날 본부장의 행동은 남의 말을 듣고 행동하는 데에서 내게 큰 기준점이 되었다.

남을 알면 얼마나 안다고 입에 올리고 평가를 하는가! 남 얘기를 입에 담기 좋아하는 사람과는 가까이하지 않는 게 낫다. '임금님 귀는 당나귀 귀'의 옛 이야기처럼 남의 비밀을 내가 듣게 되거나 알게 되면 도리어 자신만 힘들어진다. 떠들고 다닐 수도 없고 혼자 알고 있자니 답답하다.

뒷담화는 무조건 피하라. 모든 인간관계는 신뢰를 바탕으로 이루어진다. 상대를 이해하고 존중하는 마음이 필요한 이유다.

5

왜 김 과장의 보고서는
언제나 오케이인가?

"부장님 보고 어떻게 됐어?"

"또 빠꾸야! 아, 주말에도 출근하게 생겼네."

"뭐가 문젠데? 내가 보기엔 잘 정리됐던데."

"몰라. 그러니까 더 열 받지. 뭐가 잘못됐는지 말을 해주든가."

"김 과장은 오 분도 안 되서 보고 끝내던데……."

내가 대리 시절 옆 부서 대리들이 담배 피우면서 하던 소리였다. 나보다 입사 2년 선배였던 두 사람은 보고만 하면 늘 깨지고 '다시!' 를 반복하고 있었다. 그들은 부서에 훨씬 오래 근무했는데도 같은 생활의 연속이었다. 매년 부장이 바뀌어도 마찬가지였다. 도대체 무엇이 문제일까? 부장 자리에서 가까운 자리에 있던 나는 S 대리가 보고할 때 유심히 들어보았다.

대화 ⓐ

"부장님! 지난번 지시하신 출장 관련 보고 드리겠습니다."

"나 약속 있어서 나가봐야 하는데."

"제가 내일 월차라 잠깐이면 됩니다. 부장님!"

대화 ⓑ

"이거 보고서 내용이 왜 이렇지?"

"부장님께서 지난번 지시하신 그대로 했는데요."

대화 ⓒ

"지난번 해외 사업자 방문한 날이 언제였지?"

"아마 오월쯤이었을 겁니다."

대화 ⓓ

"그래서 결론이 뭔가?"

"제 생각엔 A안도 좋고 B안도 괜찮은데 어떡할까요?"

위의 대화에서 무엇이 잘못되었는지 찾아보자.

대화 ⓐ에서는 약속이 있어 퇴근하려는 부장을 붙잡고 보고하려 했다. 보고는 받는 사람 기준으로 시간과 상황을 판단해야 한다. 본인이 시간 없으니 지금 받아라 하는 태도부터 잘못됐다.

대화 ⓑ는 잘못된 내용을 지적하자 부장이 시킨 대로 했다고 변명

부터 하고 있다. 상사의 지시가 잘못되었다고 지적하는 셈이다.

대화 ⓒ는 방문한 날짜를 질문했는데 5월쯤이라는 애매한 답변을 했다. 실무자라면 정확히 기억하고 있든가 "확인 후 말씀 드리겠습니다"라고 해야 한다. 이런 직원이 쓴 보고서를 어떤 상사가 신뢰하겠는가.

대화 ⓓ는 보고서를 작성한 사람의 의견은 없고 둘 다 좋으니 부장에게 고르라는 셈이다. 보고자의 주관도 없고 책임도 지기 싫어한다. 전형적인 '아랫것'의 모습이다.

〰️ 보고서는 일의 결과다

보고서는 업무의 기본이다. 일하는 목적과 결과를 논리적인 방식과 표준화된 형식으로 표현하는 것이 보고서다. 상사들이 원하는 보고서는 화려함보다는 납득이 되는 보고서다. 그래서 쉽게 써야 한다. 전문 분야라고 해서 어려운 용어나 새로운 논리를 가져다 놓아서는 안 된다. 보고서는 그 목적을 명확히 알고 작성해야 한다. 보고서 작성 시 아래의 사항에 주의하자.

첫째, 업무를 지시한 상사의 의도를 정확히 파악해야 한다. 그래야 보고서의 수준과 깊이가 결정된다.

둘째, 보고의 종착역이 어디인지를 알아야 한다. 만일 경영진까지 보고되는 거라면 철저하게 상사의 입장에서 작성되어야 한다.

셋째, 결론부터 서술하는 것이 원칙이다. 바쁜 상사에게 길게 보고하는 것은 대부분 결과가 좋지 않다. 추가적인 이유와 논거가 필요하면 상사가 직접 보든가, 추가로 보고해달라고 한다.

이런 점에서 볼 때 비즈니스 글쓰기, 보고서에 대한 많은 연습이 필요하다. 직장에서 보고서는 왜 중요할까? 왜 사람들은 실제 일하는 것보다 문서의 완성도에 더 매달릴까? 회사는 모든 사람을 일일이 지켜보고 확인할 수가 없다. 일의 결과를 의미하는 보고서를 통해 확인하고 인정하는 것이다. 그래서 보고서가 중요하다.

〽️ 보고서는 대화다

보고서는 상사와 부하 간의 대화이다. 대화의 주도권은 대부분 상사가 쥐고 있다. 따라서 상사의 시간과 상황이 중요하다. 보고서는 상사가 필요로 할 때 내밀어야 한다. 타이밍을 놓치면 아무리 좋은 보고서라도 제값을 받을 수 없다. 상사가 처한 상황도 중요하다. 다른 일로 정신이 없다거나 위에서 깨지고 왔을 때 보고하는 것은 피해야 한다. 눈에 들어오지도 않을뿐더러 별것 아닌 일에 화를 낼 수도 있다.

나는 프로야구 광팬이다. 게임 결과는 물론 선수들의 성적까지 다 꿰고 있을 정도다. 내게 보고를 하는 직원들은 전날 프로야구 경기 결과를 확인하고 들어오곤 했다. 야구 경기가 없을 때는 비서에게 내 기분이 어떤지 미리 확인하기도 했다. 정작 나는 보고 자체만 가지고 판단한다 생각하지만(많은 상사가 나처럼 생각하고 있을 것이다), 부하들의 눈에는 그렇지 않은 상사 중 하나였다. 제대로 된 상사는 업무 지시에도 확실한 기준을 가지고 있다.

첫째, 명확하게 지시한다. 부하와 상사의 경험과 지식 차이를 이해하며 지시한다. 부하가 알아듣기 쉽게 지시한다.

둘째, 일의 지시보다 사람에 대한 동기부여가 먼저다. 일은 하고자 하는 열정에 의해 수준이 결정된다. 먼저 일하고 싶게 만들어야 한다. 일을 왜 해야 하는지 무엇이 필요한지 정확하게 알려준다.

셋째, 올바르게 보고하는 법부터 가르친다. 이해가 부족하거나 난관에 부딪히면 언제든지 중간에 확인할 것을 요구한다. 완성된 보고를 위해 시간을 허비하는 것을 허락하지 않는다. 완벽한 보고서를 가져갈 생각은 하지 마라. 상사에게도 일정 부분 역할이 필요하다.

경영진에게 잘 보고해서 한 방에 통과시키는 것이 주된 역할이지만, 보고서에서 최소한 오탈자라도 고칠 기회를 줘라. 그렇다고 억지로 만들 필요는 없다. 아무리 좋은 보고라도 타이밍을 놓치면 안 된다. 모르면 묻고 중간에 맞는지 확인하라. 그래야 '이 산이 아닌가 보네' 하는 실수를 줄이고 납기를 맞출 수 있다. 부하 직원의 시간에 맞추는 보고서는 원래 세상에 없다.

🐬 보고서의 가치를 끌어올려라

바쁜 직장생활에서 보고는 간단하고 명확해야 한다. '한 페이지로 정리하지 못하는 보고는 실패'라는 말은 그런 이유에서 나왔다. 《무엇이 임원의 승패를 결정하는가》의 저자 스콧 에블린(Scott Eblin)의 '엘리베이터 스피치'라는 방법이 있다. 엘리베이터를 타고 가는 동안 상대방의 관심을 끌 수 있는 짧은 브리핑을 의미한다. 이는 60초 동안 상사를 설득할 수 없다면 잘못된 보고라는 의미로 해석할 수 있다.

간단명료하게 이야기하라. 모두 바쁜 사람들이다. 특히 상사는 더 그렇다. 보고하기 전에 자기 생각을 체계적으로 정리하라. 문제점이 아니라 해결책을 얘기하라. 일이 진행되는 맥락도 필요하다면 공유하라.

기본을 넘어 탁월한 보고가 되기 위해서는 보고서의 가치를 끌어올려야 한다. 정확한 데이터, 법적 이슈, 비상 대책까지 갖추면 더 좋다. 관련 부서 조율까지 마치면 금상첨화다. 그래야 상사가 납득한다. 이로써 당신은 보고의 달인이 된다.

영화 〈즐거운 인생〉에서 과거 밴드 드러머였지만 지금은 기러기 아빠로 살아가는 혁수(김상호분)가 중고차 매매를 하는 장면이 있다.

"이 차는 좀 낡긴 했지만 이래도 유명한 대학교수님이 타던 차였습니다."

망설이던 고객은 즉시 계약을 한다. 보잘것없는 중고차에 교수라는 '가치'를 부여해 고객의 선택을 유도한 것이다. 직장에서도 마찬가지다. 내가 작성한 보고서에 어떤 가치를 넣느냐가 보고의 성패를 좌우한다.

보고서 자체도 중요하다. 보고를 주고받는 사람의 관계는 더 중요하다. 사람에 대한 신뢰가 전제된다면 같은 보고서라도 결과는 달라질 수 있다. 피드백도 다르게 나온다. 좋은 보고서를 쓰기 전에 좋은 신뢰관계를 먼저 구축하라. 보고서에 담아야 할 진정한 가치는 상호 신뢰다. 좋은 신뢰가 형성된 보고서는 자신을 빛나게 하는 보석과 같다.

6

망설일 바에는
차라리 실패하라

KTF 부사장을 지낸 《모티베이터》의 저자 조서환 박사가 애경산업에 근무했을 때 이야기다. 어느 날 집에서 밥을 먹는데 쌀벌레 반 마리가 숟가락에 올려져 있었다. 반 마리는 이미 입으로 들어가고 없었다. 이 경우 아내에게 화부터 내는 것이 보통 사람의 행태지만, 그는 즉시 개발자에게 연락을 했다. 쌀벌레를 없애기 위해 고추, 마늘, 겨자를 빻아 스타킹에 넣어 쓰고 있다는 개발자의 답변에 그는 바로 제품 개발을 시작했다. 플라스틱 용기에 녹차 티백처럼 넣어 만든 쌀벌레 퇴치제를 6개월 만에 제품으로 탄생시켰다. 그렇게 나온 것이 '식물성 닥터 쌀벌레'였다. 호기심을 실행력으로 연결시킨 사례다. 이후 LG생활건강, 옥시 등도 쌀벌레 퇴치 시장에 뛰어들었다. 새로운 시장이 만들어진 것이다 실행은 계획의 완성이다. 실행이 없는 계획은 앙금 없는 단팥빵이며, 공수표에 불과하다. 회사에서도 실행력 있는 직원을 최고로 인정한다.

그런데도 왜 실행에 앞서 망설이게 되는 걸까? 우선 실행력이 부족한 사람은 핑계가 많다. '주말에 약속이 있으니까 월요일부터 시작하겠다', '지금 하던 일부터 끝내고 해야지'처럼 미루는 이유를 찾기 바쁘다. 여우의 신포도처럼 자기방어기제를 작동시킨다. 다른 하나는 결과에 대한 두려움이다. 결정을 할 때도 마찬가지지만, 실행에 옮길 때도 제대로 할 수 있을지에 대한 두려움이 앞서 실행을 미루는 것이다. 해보지도 않은 일을 걱정부터 하는 셈이다. 실패에 따른 책임이 두려움의 본질이다.

실행에 대한 두려움을 없애고 실행력을 높이기 위해서는 몇 가지 조건이 필요하다.

첫째, 리더의 마인드이다. 리더는 업무에 대한 이해와 함께 상황을 정확히 파악하고 있어야 한다. 핵심이 무엇인지 알고 우선순위를 정해 실행할 수 있도록 코칭하고 리드해야 한다. 유능한 선장은 폭풍과 어둠 속에서도 안전하게 배를 항구로 이끌 수 있는 이치다.

둘째, 실천을 위한 조직문화다. 실수와 실패를 용인하는 분위기와 그 실패를 거울삼아 실수를 줄이고 제대로 된 결과를 도출할 수 있는 문화를 만들어야 한다. 남의 탓부터 먼저 하고 서로 책임지기를 꺼리는 조직문화에서는 강한 실행력을 기대할 수 없다.

셋째, 실행을 이끌 적합한 사람이다. 실행전략을 짜고 운영을 맡을 인적자원이 확보되어야 한다. 실행은 결국 사람이 하는 것이기 때문이다. 《에너지 버스》에서 존 고든은 버스에 타지 않겠다는 사람은 억지로 태우지 말고 그냥 정류장에 내버려두라 권고한다. 실행을 원치 않는 사람들에게 에너지를 낭비할 필요가 없다는 것이다.

〽️ 결국 실행이 답이다

실행력이 부족한 사람은 몇 가지 공통점이 있다.

첫째, 시간관리가 안 된다. 24시간이 모자랄 지경이다. 무엇이 중요하고 무엇을 먼저 해야 하는지도 모른다. 그저 바쁘게만 움직인다. 이런 사람들에게 새로운 일이 주어지면 기존 업무와 뒤섞여 죽도 밥도 안 된다. 중요한 일과 시급한 일을 나누고 우선순위를 정해 일을 할 수 있도록 도와주어야 한다. 규칙적으로 아웃풋을 내는 습관이 형성될 수 있도록 해야 한다.

둘째, 목표가 너무 크거나 막연하다. 이들은 어디서부터 어떻게 시작해야 할지 몰라 실행력이 떨어진다. 시작은 요란한데 끝은 흐지부지하다. 전형적인 용두사미형이다. 이들에게는 목표를 잘게 쪼개거나 손에 잡히는 목표를 재설정하는 것을 익히게 해야 한다. 작은 것부터 실천에 옮기는 연습이 필요하다.

셋째, 두려움에 떤다. 실패할까 봐 겁나서 시작도 못한다. 이런 부류는 오늘 해야 할 일만 생각하는 것이 좋다. 내일 일은 아예 잊어라. 오늘 한 일에 대해 상세한 일지를 써보는 것도 괜찮은 방법이다. 무엇이 잘못되고 잘된 건지를 알면 두려움을 줄일 수 있기 때문이다.

이때 작은 성공부터 하나씩 만들어가는 것이 좋다. 70년을 산다는 솔개는 발톱과 부리가 무뎌지는 생후 40년 때 중대한 선택의 길에 놓인다고 한다. 부리로 바위를 쪼아 깨뜨려 새로 나게 만들고, 새 부리로 무뎌진 발톱과 깃털을 뽑아 새롭게 변신한다고 한다. 이 고통스런 과정을 실행하는 솔개는 그 후 30년을 더 살고, 그렇지 못한 솔개는 죽음을 맞이한다고 한다. 비록 우화일지라도 솔개의 변신은 실행의 중요성을 일깨워주기에 충분하다.

실행력은 하기 싫은 것을 참고 실천할 때 가장 크게 성장하게 되어 있다. 실행력을 높이고 싶은가?

그렇다면 첫째, 기한을 정해야 한다. 마감 시한이 있는 실행은 일의 진행 속도가 다르다. 상사가 지시할 때도 '언제까지 해야 하는지'가 빠지지 않는 이유다. 일이란 본래 마감 시한까지 늘어지게 되어 있는 법이다. 사실, 상사나 회사가 요구하는 마감 시한에는 항상 여유분이 숨겨져 있다는 사실은 모두가 아는 비밀이다. 시한이 주는 압박은 실행의 촉매제로 작용한다. 기자와 작가도 대부분 마감 시한 직전에 원고를 몰아서 쓴다고 한다.

둘째, 세상에 공표하라. 회사 기밀이 아니라면 동료 혹은 팀 전체에 자신의 일이 실행 중임을 알려라. 술자리를 거절할 명분도 생기고 쓸데없는 잡일에서 해방될 수도 있다. 본인 스스로가 일에 집중할 수 있도록 알리는 것도 실행을 높이는 좋은 방법이다. 금연이나 다이어트 같은 개인적인 실행이라면 SNS가 적합하다. 상태메시지도 좋고 실천하는 모습을 매일 올려 실행의 자극제로 삼자.

셋째, 대체 가능한 수단을 없애라. '플랜 B'는 잊어라. 자신을 절벽 끝에 몰아세워라. 회사에서 비상 대책 방안 없이 계획을 실행하기란 현실적으로 어렵다. 하지만 돌아갈 방법이 없다고 생각해야 지금 하는 일에 더 집중할 수 있다.

항공기 운항에는 '귀환불능지점(Point of No Return)'이라는 것이 있다고 한다. 남은 연료로 회항이 불가능한 지점을 일컫는 용어다. 물리적으로 예전으로 돌아갈 수 없는 지점이다. 목적지까지 가는 방법 외에는 달리 방도가 없다. 다소 무리가 따를 수 있지만 실행을 위해서는 최상의 방법이다. 특히 잘못된 실행이 아니라면 끝까지 밀고 가라.

나는 특전사에서 군생활을 했다. 공수교육을 통해 낙하산을 네 번 타야 부대로 배치된다. 수송기에 오르면 교관이 큰 소리로 외친다.

"여러분이 탄 비행기는 이륙은 있어도 착륙은 없다. 모두 건투를 빈다!"

수송기가 굉음과 함께 하늘로 오른다. 비행기가 떨리는 건지, 내가 떨어 비행기가 흔들리는 건지 분간이 안 될 정도로 두렵다. '혹시 낙하산이 안 펴지면 어쩌지', '착지할 때 발목이 부러지면 어떡하지' 등등 온갖 걱정과 두려움이 나를 붙든다. 낙하 지점에 도달하면 교관의 수화에 따라 뛰어내릴 준비를 한다. 모두 양쪽 문에 길게 줄을 선다.

"뛰어!"

이 한마디에 일제히 문으로 달려 나간다. 내가 멈추고 싶어도 멈출 수가 없다. 뒤에서 강제로 밀고 오기 때문이다. 머뭇거림과 두려움을 그렇게 밀어붙인다.

"일만, 이만, 삼만, 사만."

초를 세는 군대 용어다. 4초 후, 활짝 펴진 낙하산을 보며 '살았구나' 안도의 숨을 내쉰다. 비로소 3천 피트(약800미터) 발밑을 내려다본다. 산에서 보는 경치와는 완전히 다른 멋진 신세계가 펼쳐진다. 그것도 잠시, 착륙 지점이 가까워지면서 또 두렵다. 하지만 멈출 수는 없다. 배운 것을 기억하며 발이 땅에 닿음과 동시에 종아리로 충격을 흡수하며 옆으로 구른다. 강제적이긴 했어도 두려움을 넘은 실행의 결과는 나와 동료의 얼굴에 띤 미소로 충분하다.

✈ 실행의 완성은 성과다

실행을 위해 가장 중요한 것은 자신감이다. 자신감은 내면에서 우러나는 할 수 있다는 힘이다. 나를 믿는 긍정의 힘이다. 두렵다는 것은 자신이 없다는 다른 표현이다. 사각의 링에 오르는 격투기 선수들도 시합 전 기 싸움부터 한다. 상대의 자신감을 눌러 승부를 유리하게 이끌기 위해서다.

부상당한 맹수를 치료해 다시 자연으로 돌려보낼 때도 우선 작은 성공 체험부터 하게 한다. 동물 모형에서 시작해서 작은 동물을 사냥하게 함으로써 야생의 본능을 일깨우고 사냥의 자신감을 심어주는 것이다.

성과는 영어로 'Performance'라고 쓴다. '실행하다'의 뜻을 가진 동사 'Perform'의 명사형이다. 실행의 완결은 성과라는 의미다. 모든 실행이 성과로 연결되지는 않는다. 실패할 수도 있고 성과라고 하기엔 부끄러울 수도 있다. 하지만 성과는 실행을 통해서만 얻을 수 있다. 즉, 성과는 실행이 낳은 결과물인 것이다.

성과를 원한다면 당신이 실행력을 키워라. 실행에 자신감을 가져라. 우선 작은 것부터 실천하라. 사업계획서가 두꺼운 회사일수록 빨리 망한다고 한다. 시도 횟수와 성공률은 비례하게 되어 있다. '지금, 바로, 반드시, 될 때까지' 실행의 성공을 위한 마법 키워드를 발동하라.

7

직장에서의 착각은
자유가 아니다

'착각은 자유다.'

많은 사람이 이 말에 공감한다. 착각은 개인의 영역이기 때문이다. 착각하고 있다는 사실은 말해주기 전까지는 알지 못한다. 가끔 착각으로 인한 행동에서 드러나거나 짐작할 수 있을 뿐이다.

착각의 사전적 의미는 '어떤 사물이나 사실을 실제와 다르게 지각하거나 생각함'이다. '실제와 다르다'가 중요하다. 거울을 보면서 자신의 외모가 괜찮다고 생각한다고 가정하자. 사실은 그렇지 않은데도 말이다. 그게 무슨 문제람? 누구에게 피해를 주는 것도 아닌데? 자신의 외모에 콤플렉스가 없으니 자존감도 높아진다. 별도로 성형외과를 찾아갈 일도 없으니 돈도 절약된다. 이처럼 개인의 영역에서 그치는 착각은 삶에 활력소로 작용한다. 자신감을 가지고 당당하게 살 수 있는 훌륭한 감정이다. 문제는 착각이 타인의 영역까지 침범할 경우다. 자신의 착각으로 말미암아 상대방에게 고통을 주거나 업무에 지장을 주기도 한다.

우리는 일상에서 수많은 착각을 겪으며 산다. 운전 중에 문자메시지를 보내면서 여전히 자신은 교통 흐름에 주의를 기울이고 있다고 착각한다. 단지 사고가 발생하지 않았을 뿐인데도 말이다. 크리스토퍼 차브리스(Christopher Chabris)와 대니얼 사이먼스(Daniel Simons)의 공저 《보이지 않는 고릴라》에 '우리 가운데 있는 고릴라'라는 실험이 소개되어 있다.

학생들이 두 팀으로 나누어 농구 시합을 한다. 한 팀은 흰 셔츠, 다른 팀은 검은 셔츠를 입고 있다. 실험 대상자들에게 흰 팀의 패스 횟수를 세도록 했다. 시합 중간에 경기장 안으로 고릴라 옷을 입은 여학생이 9초에 걸쳐 가슴을 두드리다 나갔다. 그런데 절반 이상의 실험 대상자가 고릴라의 존재를 알지 못했다고 한다. 한곳에 주의를 집중하면 다른 것의 존재가 없는 줄 알게 되는 착각이다.

🎵 상사의 착각

직장에서도 우리는 많은 착각 속에 살고 있다. 가장 흔한 상사의 착각은 '직원들의 칭찬은 진심일 거야'이다.

"부장님! 넥타이 진짜 멋져요, 패션 감각이 진짜 좋으시네요."

"상무님은 어떻게 관리하시기에 뵐 때마다 젊어지세요?"

직원들의 칭찬이 진심일 수도 있다. 하지만 대부분은 특별한 멘트가 없을 때 혹은 아부성으로 하는 발언이다. 상사가 직장에서 받아야 할 칭찬은 따로 있다. 의사결정이 빠른지, 핵심을 정확히 짚고 있는지, 직원을 배려하는지 같은 업무와 관련된 실질적인 것이어야 한다. 만일 직원이 당신에게 하는 칭찬이 업무 외적인 내용이라면 당신은 칭찬받을 일이 없다고 생각해도 무방하다.

업무와 관련해 "이사님은 디테일이 참 강하세요"라는 칭찬을 들어본 적이 있는가? 만일 당신이 그런 칭찬을 들었다면 '대리가 해야 할 수준의 일까지 챙기고 있다'고 타박하는 직원의 속마음임을 읽어야 한다. 꼼꼼하다, 숨 막힌다의 다른 말이다. 디테일은 아랫사람을 칭찬하는 윗사람의 표현임을 기억하라.

두 번째는 '직원들은 나와의 회식을 좋아할 거야'라는 착각이다. 직장생활에서 회식은 조직의 단합과 결속을 다지는 중요한 수단이다. 1970~1980년대에 직장을 다녔던 선배들에게 회식은 맛있는 음식과 술을 공짜로 먹는 날이었다. 하지만 시대가 변했다. 세대도 바뀌었다. 일과 중에 마주쳐야 하는 상사도 월급 때문에 겨우 참고 본다. 그런데 퇴근 후에도 상사와 같이 있어야 한다는 건 진짜 고통이다. 내 돈으로 편의점 도시락을 사 먹더라도 마음 편한 것을 좋아하는 게 요즘 젊은 직장인들임을 잊지 말라. 상사와의 회식이 좋은 게 아니다. 상사의 법인카드면 충분하다! 너무 자주 하지도 말고, 아예 안 하지도 말고 적당한 회식이 서로에게 좋다.

세 번째는 '상사는 정답을 제시해야 한다'는 착각이다. 위의 두 가지와 달리 괜찮은 상사들이 하는 착각이다. 직원들의 부족함을 채우고 자신이 앞에서 리드해야 한다는 완벽주의와 책임감에서 비롯된 착각이다.

상사는 만능이 아니다. 상사라고 해서 모든 것을 완벽하게 알거나 해결할 수 있는 건 아니다. 상사는 위에서 군림하는 것이 아니라 직원의 지혜와 힘을 끌어내는 게 자신의 역할임을 잊어서는 안 된다. 혼자 지고 가려 하지 마라. 직원에게도 당신이 갖지 못한 능력이 있고, 당신의 부족함을 함께 고민하고 채워줄 마음도 있다. 모르고 부족한 건 흉이 아니다. 아는 척, 가진 척하는 것이 당신과 직원, 조직까지 망친다. 정답 제시라는 착각에서 당장 벗어나라.

네 번째는 '직원을 질책하면 좋은 관계가 깨질 거야'라는 착각이다. 상사의 가장 중요한 역할 중 하나가 직원 육성이다. 알아서 잘해주면 감사한 일이지만, 그렇지 못한 경우 제대로 된 피드백이야말로 직원이 성장하는 데 꼭 필요한 영양분이다. 직원을 비난하고 비판하는 낮은 수준의 피드백은 피해야 한다. 현명한 질문을 통해 스스로 깨닫고 바뀔 수 있도록 유도하는 피드백이 좋은 피드백이다. 열린 마음으로 관심과 애정을 가지고 하는 질책은 오히려 관계를 더욱 공고히 만든다.

🔗 직원의 착각

상사와 마찬가지로 직원들 또한 착각을 한다. 가장 흔한 게 '나는 괜찮은 직원일 거야'라는 착각이다. '워비곤 호수 효과(Lake Wobegon Effect)'이다. 자신이 평균 이상은 된다고 생각하는 것이다. 조직에서 역할도 잘하고 성과도 나쁘지 않다고 느낀다. 문제는 거기서 발생한다. 인사고과 등급에서 자신의 예상과 다른 결과를 받아들이지 못하는 것이다. 평가를 좋게 받은 직원은 상사와 업무 외적인 관계가 있거나 상사가 편애해서 그런 거라 여긴다. 그래서 불만이 쌓인다. 상사는 직원의 역량과 노력만 보는 게 아니다. 조직 전체의 기여도까지 고려해서 직원을 평가한다. 수평적 관계에서 좋은 동료, 괜찮은 후배라는 말과 혼동하지 마라.

두 번째는 '나는 대체 불가능한 자원이다'라는 착각이다. 아주 특별한 경우를 제외하고 조직에서 대체 불가능한 자원이란 없다. 자신만 착각하고 있을 뿐이다. 인정하기 싫을 뿐이다. 특히 성과가 좋거나 상사가 아끼는 직원일수록 이런 착각에 자주 빠진다. '나 없으면 안 돌아갈 거야'는 직장생활에서 꼭 버려야 하는 착각이다. 조직은 당장은 힘들지 몰라도 곧 안정을 찾고 돌아간다. 당신의 빈자리를 확인하고 잠시 정차할 수는 있다. 하지만 다시 태우러 돌아오지는 않는다. 직장이라는 곳은 항상 직진만 하게끔 세팅되어 있다.

세 번째는 '상사와 내가 같은 시계를 차고 있다'는 착각이다. 금요일 오후에 지시한 내용을 월요일 오전에 찾으면서 '3일이나 지났다'고 생각하는 상사는 주변에 흔하다. 직원의 시계는 퇴근과 함께 멈춘다. 주말에는 전원마저 오프된다. 상사의 시계도 마찬가지다. 그런데 자신의 시계는 멈춤 스위치를 눌러놓고, 직원의 시계는 계속 돌아가야 하는 줄 안다. 자신의 시간이 멈췄다고 상사의 시간도 멈춘 것은 아니라는 슬픈 사실을 알고 있어야 한다.

네 번째는 '불필요한 것을 필요한 줄 아는' 착각이다. 안 해도 될걸 하는 경우다. 직원에게 업무를 지시했다. 새롭게 시도하는 사업이라 걱정도 되고 해서 물었다.

"쉽지 않을 텐데 잘할 수 있겠어, 김 대리?"

"솔직히 말씀드리면 걱정은 됩니다. 하지만 배운다는 자세로 열심히 한번 해보겠습니다."

그럼 그전에는 솔직하지 않았다는 말인가? 일을 하라는데 도대체 뭘 배운다는 건가? 상사도 다 안다. 새롭게 시도하는 일인데 어떻게 걱정이 안 되겠는가. 겸손이라는 단어로 포장하더라도 직장에서 불필요한 표현은 더 이상 없어도 좋다.

코카콜라를 제치고 만년 2위 펩시콜라를 1위로 올려놓은 펩시 회장 인드라 누이(Indra Nooyi)가 회장으로 선임된 날, 귀가하여 어머니에게 회장이 되었다고 말했다. 그 어머니는 네가 집 밖에서는 회장일지 몰라도 집에 들어선 순간, 내 딸이고 두 아이의 어머니이며 남편의 아내임을 잊지 말라고 했다. 그리고 우유가 떨어졌으니 마트에 가서 우유를 사 오라고 했다.

직장에서 주어진 역할은 직장을 나서는 순간 끝나야 한다. 귀가하면 배우자로, 부모로 역할을 바꿔야 한다. 집에서도 직장 상사인 줄 착각하고 행동하는 가장의 이야기를 가끔 듣는다. 모드 전환이 빨라야 한다. 무제한 요금제가 아니라면 Wi-Fi 모드와 LTE 모드를 구분해서 잘 쓸 줄 알아야 통신비도 절약할 수 있다.

직장인으로 살아가는 동안 착각은 자유가 아님을 잊지 말라. 심지어 퇴직 후에도 착각하는 임원을 주변에서 많이 보았다. 어떤 착각이든 착각은 실제와 다르다. 실제 자신의 모습을 직시하고 현실에 충실하라. 이것이 세상을 사는 지혜다.

Chapter 3

직장에서
인정받는 기술

1

권위는 있되,
권위적이지는 마라

　'권위'라는 말은 양면성을 가지고 있다. '권위적이다'라는 것은 권력을 등에 업고 강압적이고 자기 독단이 강하다는 뜻이다. 어둡고 부정적인 측면이 강하다. '권위 있다'라는 말은 원칙과 소신을 가지고 타인의 존경을 받는 인물을 지칭할 때 사용한다. 이는 신뢰와 존경심의 표현이다.

　권위는 권력을 기반으로 하고 있지만 모든 권력이 권위가 되지는 않는다. 권력은 지위나 힘을 이용하여 부하의 의지에 관계없이 강제할 수 있는 힘이다. 부하는 어쩔 수 없이 권력에 복종한다. 그럴 때 권력은 '권위 있다'가 아니고 '권위적'이다. 자신의 영향력을 발휘해 부하를 자신이 의도한 대로 기꺼이 행동하도록 만들 때, 권력은 비로소 권위가 되고 자신은 권위 있는 사람이 되는 것이다.

직장에서 직급이 높은 사람을 통칭해서 상사라고 표현한다. 윗사람이라고도 한다. 나보다 먼저 들어왔고 나이도 많고 직급이 높은 사람이라는 의미다. 인사권과 자원배분권을 가진 파워 있는 사람이다. 즉, 상사란 권위보다는 권력을 나타내는 단어다.

나의 경우 30년 직장생활에서 아랫사람들이 상사에 대해 리더라고 표현하는 경우는 거의 보지 못했다. 리더는 인사 부서나 교육 부서에서 주로 사용하는 말이며, 경영학 책자에서 자주 만날 수 있다. 또는 경영진에서 팀장급 이상 집단에 대해 질타나 격려를 던질 때, 자주 사용하는 단어다.

〰️ 회의하는 모습을 보면 안다

직장에서 회의는 선택이 아니라 필수다. 대한상공회의소 조사 결과 일주일 평균 3.7회, 이 중 불필요한 회의가 1.8회라고 한다. 회의의 절반은 안 해도 된다는 의미다. 회의를 해야 의사소통이 가능하고 조직을 장악할 수 있다는 상사의 강박관념이 잦은 회의를 만드는 이유라고 한다.

회의 소집과 운영권은 상사의 고유권한이다. 가끔 직원이 제안할 수도 있지만 회의 좋아하는 직원은 없다. 시간과 장소, 주제는 상사 판단에 의해 결정된다. 회의는 직원들을 압박하고 관리하고 통제하는 최고의 수단이다. 인사평가는 1년에 한 번이 기본이다. 그래서 평소 회의를 통해 조직을 장악하려 든다. 회의 때 앉는 자리에서도 상사의 특성이 나타난다. 권위적인 상사일수록 전체 조직원이 한눈에 보이는 자리에 앉는다. 의견을 낼 때는 괜찮지만, 상사가 호통치고 싶은 소리를 할 때는 상사의 눈을 쳐다보면 안 된다. 한마디로 '눈 깔아라'다. 이런 상사는 회의할 때 의자도 뒤로 젖힌 채 거만하게 앉아 있다.

대한상공회의소에서 발표한 '상사의 회의 소통방식' 설문조사 결과, 회의에서 드러나는 상사의 유형은 다음과 같다.

첫째, 심사위원형이다. 직원의 의견을 항상 평가하고 피드백에 열중한다. 직원 입장에서는 진짜 숨 막히는 상사다.

둘째는 가위형이다. '아~ 그건 됐고!'를 남발한다. 자신의 생각과 다르거나 관심이 없는 건 중간이고 처음이고 잘라버린다. 직원의 창의성이 발현될 리 없고, 있던 아이디어도 사라지게 만든다.

셋째, 버럭형이다. 무턱대고 소리부터 지른다. 화도 자주 낸다. 직원의 침묵을 이끈다. 말해봐야 원가도 안 나온다. 가만있으면 중간이라도 간다.

넷째는 답정너형이다. 이미 결론은 나 있다. 회의는 했지만 별 의미가 없다. 강제 추인(追認)만 있다. 형식이 필요했을 뿐이다. 왜 회의에 참석하라 한 건지 의문을 낳게 만든다.

임원으로 승진하면서 회의도 늘었다. 어떤 날은 하루 종일 회의만 하다 퇴근한 날도 있었다. 사장과 부사장 회의는 내가 마음대로 할 수 없어 포기하고, 내가 주재하는 회의에 대해 나름대로 기준을 정했다.

첫째, 회의는 한 시간을 넘기지 않는다.

둘째, 보고 자료는 한 페이지로 정리한다.

셋째, 회의 참석 인원은 최소화한다. 팀장이 모르면 실무자가 대신 참석한다. 배석은 없다.

넷째, 무임승차는 없다. 의견이든 소신이든 말한다.

내가 편하자고 정한 기준이었다. 그 덕분에 나만의 시간이 늘었다. 책도 읽고 생각도 정리할 수 있게 되었다. 직원들 역량도 확실히 파악할 수 있게 되었다. 회의에 참석하는 팀장들은 말을 조리 있게 하고 요약하는 능력이 좋아졌다. 핵심에 집중하는 능력도 향상되었다. 성과는 운이 따를 수 있지만, 역량은 거짓말을 하지 않는 법이다.

어차피 회의 때 말 안 하는 편이 낫다는 게 직원들의 일반적 생각이다. 말하는 방법보다 말하면 안 되는 문화에, 신입 사원 시절부터 익숙해져왔기 때문이다. 절대 나서지 않는다. '내가 아니더라도 누군가 하겠지' 하는 무사안일한 마인드이다. 상사의 잔소리가 끝날 때쯤 혹시라도 입을 뗄라치면 선임들의 눈초리가 매섭다. 말 안하면 30분 정도 걸려 끝날 회의가, 말하는 순간 한 시간을 넘겨버리는 현실이기에 그렇다.

제리 B. 하비(Jerry B. Harvey)의 〈애빌린 패러독스(애빌린의 역설, The

Abilene Paradox)〉라는 논문이 있다. 가족 중 한 명이 텍사스에서 53마일 떨어진 애빌린에 가서 저녁을 먹자고 제안했다. 더운 여름날이었지만, 다른 가족들은 모두가 동의하는 줄 알았다. 에어컨도 나오지 않는 차에서 먼지를 뒤집어쓰며 애빌린을 다녀왔다. 집에 돌아와 확인해보니, 자신만 반대하는 게 싫어서 한 사람이 생각 없이 던진 말을 그냥 묵인한 것으로 밝혀졌다. 이처럼 애빌린 패러독스는 집단 구성원이 각자의 의사와 상반되는 다수의 결정 사항에 동의하는 경우를 뜻한다.

자신에게 돌아올지 모르는 불이익이 두려워 의사표현을 미룬 채 동조하는 이런 현상은, 주변에서 흔히 볼 수 있다. 당장 흔한 점심시간 풍경을 보자. 팀장과 함께 식사하러 간다. 오늘은 무엇을 먹을까 팀장이 묻는다. 조용하다. 어제 과음한 팀장이 순댓국이나 먹자고 제안한다. 그러자고 과장이 딸랑거린다. 이 더운 날 웬 순댓국? 냉면이나 먹지. 편을 나눠 갈 수도 없다. 하는 수 없이 따라간 순댓국집에서 땀을 뻘뻘 흘리며 먹는 둥 마는 둥 식사를 한다. 아침도 걸렀는데 오늘 점심도 폭망이다.

〽️ 권력과 권위는 일시적이다

직원들이 당신만 빼고 한잔하러 가면 신경이 곤두서는가? 자유롭게 의견을 개진하라고 해놓고 막상 직원이 반론을 제기하면 화가 나는가? 논쟁이 길어지면 "그냥 시키는 대로 해!" 하며 윽박지르는가?

하나라도 고개를 끄덕이면 당신은 권위적인 상사이거나, 그런 상사와 일하는 직원일 것이다.

〈엠브레인〉에서 조사한 자료를 보면, 직장인 3명 중 1명(34%)은 이런 상사의 권위적 행동에 가장 큰 분노를 느낀다고 답했다. 이럴 경우 뒷담화로 풀거나 음주, 흡연으로 혼자서 삭이는 경우가 대부분이라고 한다. 이런 권위적 상사에 효과적으로 대처하는 방법은 무엇일까?

첫째, 상사와 일하는 시간이 일시적이라는 사실을 기억해야 한다. 시간은 결국 간다. 2년 넘는 군대도 견뎠는데 조직은 보통 1년 단위로 개편되니 얼마나 다행인가.

둘째, 관계의 끈을 놓지 마라. 자신을 왕따시킨다고 생각하는 순간 보복의 칼날이 당신을 겨눈다. 무능한 상사는 나를 키워줄 수는

없어도, 나를 끌어내릴 수 있음을 잊지 말자.

셋째, 상사와 논쟁하지 마라. 예스맨이 되라는 건 더욱 아니다. 완벽한 반격 카드가 있을 때까지 참고 기다려라. 기회는 반드시 온다.

넷째, 상사가 싫어하는 일을 맡아라. 타 부서와의 논쟁이나 현장 관련 업무를 위임받아서 처리하라. 상사와 같이 있는 시간도 줄고, 상사가 신경 안 쓰니까 좋다. 싫어하는 일을 처리해주니 고마워도 한다. 일석삼조다.

'사회에서의 직위는 임시적으로 주어진 하나의 역할뿐인데, 그 지위가 곧 자기라고 착각하다가 직위를 잃으면 공허함이 뒤따르게 됩니다. 본인이 어떤 위치에 올랐을 때 그 지위와 자신을 동일시하지 않고 자기 조절을 잘해야 나이 들어서도 가정에서나 사회에서 소외되지 않고 새로운 일도 가볍게 시작할 수 있습니다.'

이는 법륜 스님의 《행복》에 나오는 말이다. 상사의 자리는 임시로 주어진 자리인데, 자신과 동일시하는 우를 범하지 말라는 교훈이다. 명심하고 또 명심해야 할 말이다.

상사들은 자신이 좋은 리더이길 원한다. 직장에서 교육도 보내주고 리더십평가와 피드백을 통해 훌륭한 리더로 육성하려고 힘을 쏟는다. 권위적인 상사 때문에 직원의 사기가 저하되고 근무 의욕이 상실되어, 조직의 성과에 악영향을 미치지 않도록 하기 위함이다. 권한과 지위에 의한 강제를 좋아할 직원은 없다. 존중과 배려에 의한 자율을 싫어하는 직원은 없다. 누구든 자신이 존중받는다고 느낄 때 책임의식도 생기고 일의 성과도 오르게 마련이다.

자신이 부하들을 존중하고 배려한다고 말하는 상사는 많다. 자신은 훌륭한 리더십을 가졌다고도 한다. 권위가 있다고도 한다. 그러나 잊지 말라. 존중과 배려는 하는 사람이 아니라 받는 사람이 느껴야 한다. 상사에게 리더십과 권위가 있다고 느끼는 건 전적으로 직원의 몫이다.

2
게으른 천재가 되라

"승리의 구십구 퍼센트는 선수가, 일 퍼센트는 감독이 만든다. 하지만 감독이 없으면 백 퍼센트가 될 수 없다."

이는 영국 프로축구 맨체스터 유나이티드의 전 감독 알렉스 퍼거슨이 말한 감독의 역할이다. 경기를 하는 것은 선수지만 선수를 뛰게 만드는 것은 감독이라는 말이다. 조직에도 똑같은 논리를 적용할 수 있다.

'성과의 99%는 직원이, 1%는 리더가 만든다. 하지만 리더가 없으면 100%가 될 수 없다.'

일하는 것은 직원이지만 직원을 움직이게 만드는 것은 리더, 즉 상사다. 당신의 생각은 어떠한가? 단순히 말장난으로 느껴지는가, 아니면 충분히 공감되는 표현인가?

직원들은 어떤 상사를 좋아할까? 또 어떤 상사를 싫어할까? 좋아하는 상사보다 싫어하는 상사에 대한 설문조사가 더 많다는 사실을 아는가? 조사 내용에 대한 공감이 더 크기 때문이다.

한 리서치 기업이 최악의 상사를 조사한 적이 있다.

1위는 업무를 잘 모르는 상사다. '나도 잘 모르겠는데 일단 한번 해봐'가 그들의 주특기다. 본인도 잘 모르니 구체적으로 지시할 수가 없다. 이런 상사가 쓸데없이 부지런하기까지 하다면 그야말로 최악이다. 방향도 못 잡은 보고서가 난무하고 야근은 기본, 주말까지 반납해야 할 수도 있다.

2위는 직원을 존중하지 않는 상사다. 막말을 당연시하고 수시로 언성을 높이며 '아랫것' 취급을 한다. 이쯤 되면 상사의 인격이 의심스러울 정도다.

3위는 변덕쟁이 상사다. 급하다며 퇴근 전까지 보고하라고 지시한 업무라 점심도 반납한 채 열심히 작업한다. 점심시간이 한참 지나 들어와서는, 그게 아닌 것 같다며 다른 방향으로 바꾸라고 한다. 이런 상사와 일하는 직원은 늘 뚜껑이 열려 있다.

✍ 상사복이 있어야 한다

직장에서 가장 받고 싶은 복(福)은 '상사복'이다. 그만큼 직장에서 상사의 중요성은 크다. 상사복이 있으면 어떤 점이 좋을까?

첫째, '자율'이다. 직원에게 위임한다는 의미다. 상사는 큰 방향만 제시하고 콘텐츠는 직원에게 맡긴다. 상사가 제시한 나무 기둥과 큰 줄기에 따라, 직원은 상상력과 창의성을 발휘하여 나무를 완성한다. 원래 상사가 생각했던 형태의 나무는 아닐 수도 있지만, 큰 문제가 되지는 않는다. 때론 상사가 생각지도 못한 멋진 나무를 그려 오기도 한다. 청출어람(靑出於藍)이다.

상사의 가장 주된 임무는 자기보다 뛰어난 직원의 육성이다. 주어진 목표 달성이 먼저라고 주장하는 사람도 있다. 문제는 방법이다. 상사가 시키는 대로 최대한 빠른 방법을 찾아 일하는 건, 그때만 유익할 뿐이다. 이럴 때 직원의 역할은 상사의 생명 연장을 위한 도구일 뿐이다. '나는 내가 알아서 살 테니 너도 알아서 살아'의 전형적인 모습이다. 상사와 직원은 함께 성장해야 한다. 어느 한쪽의 일방적 희생을 강요하는 조직은 그 수명이 그리 길지 않을 수 있다. 시간이 조금 더 걸리고 조금 부족하더라도 직원에게 기회를 주고 역량을 키워야 한다. 직장에서 상사에게 높은 급여를 주는 이유다.

둘째, '질문'이다. 좋은 질문은 스스로 문제를 해결할 수 있도록 돕는다. 원하는 답을 얻을 수도 있다. 삼성 고(故) 이병철 회장은 계열사 사장들과의 회의에서 항상 하는 질문이 있었다고 한다.

"그것만 하면 다 되는가?"

이 함축적인 질문을 통해 사장들이 시급한 핵심 과제를 제대로 파악하고 있는지를 묻고 긴장감을 늦추지 않도록 했다는 것이다. 이 회장의 질문에 답하기 위해 계열사 사장들은 스스로 공부하며 좀 더 철저히 준비하고 실행하는 노력을 게을리하지 않았다. 결국 이 질문은 삼성이 재계 1위를 유지하는 원동력이 되었다.

우리는 어릴 적부터 주입식 교육에 길들여져왔다. 정답과 빠른 길에 대해서 과외까지 받아가며 속을 채우기에 급급했다. 내 안에 무엇이 있는지는 중요하지 않다. 그래서 잘 끄집어낼 줄을 모른다. 우리 부모들은 아이가 학교에서 돌아오면 "오늘 뭐 배웠어?"라고 묻는다. 이스라엘의 부모들은 "오늘 무슨 질문했어?"라고 묻는단다.

부하를 시험하려는 질문이 아닌, 생각하게 하는 질문은 상상 이상의 힘이 있다. 좋은 질문은 다양한 요소를 연결하는 단초를 제공한다. 질문을 통해 팩트(Fact)가 연결되고 스토리(Story)가 탄생한다. 직장에서 인정받는 사람들의 핵심 무기인 '스토리텔링(Storytelling)' 역량이 만들어지는 것이다.

이렇게 좋은 직원을 육성하고 나면 상사는 이제 할 업무가 없어진다. 자신만의 시간이 늘어나니 학습이 이루어지고 역량이 발전한다. 그리고 다시 직원에게 질문으로 돌아가는 선순환 고리가 만들어진다. 제대로 된 상사는 직원뿐 아니라 스스로에게도 질문을 자주한다. 질문을 통해 자신을 돌아보고 관리하고 스스로 한 걸음 더 성장해 나아간다.

셋째, '통찰'이다. 통찰은 '똑같은 것을 보지만 다른 것을 읽어내는 힘'이다. 제대로 된 상사의 눈은 부하의 눈과 다르다. 안목이 있다. 내공과 경험의 합(合)에 연륜이 더해진 결과다. 한마디로 고수다. 하수들이 열심히 토론하고 있는 자리에서도, 가만히 듣고만 있다가 툭 한마디 던진다. 얽힌 실타래가 단박에 풀리는 경우도 많다. 가끔 자신이 고수인 줄 착각하고 흉내 내는 하수 상사도 있다. 그대로 했다간 큰일 난다. 배가 산으로 간다. 하수에게도 고수를 알아보는 눈이 있어야 하는 이유다. 그런 상사는 가만있는 게 도와주는 건데, 정말 몰라서 그러는 것 같아 안타깝다.

⤴ 상사라면 '똑게'가 답이다

아끼던 K 팀장이 이직을 하겠다며 면담을 요청했다. 맡은 업무에 대해서는 업계 최강이고 직원들의 신뢰도 두터웠다. 그야말로 믿고 맡기는 팀장이었다. 임원 후보 1순위로 생각하고 있었는데 충격이었다. 이유를 물었다. 영어를 못해서란다. 그룹 임원이 되려면 LAP(Language Assessment Program) 테스트 통과가 필수다. 능력과 성과가 아무리 뛰어나도 테스트 통과를 못하면 임원은 불가능하다.

환송회 자리에서 K 팀장에게 내가 어떤 상사였는지 솔직하고 냉정하게 평가해달라고 요청했다.

"상무님은 일을 안 하세요. 대신 핵심을 정확히 파악하고 일을 지시하니, 저희는 오히려 그게 편해요. 한마디로 게으른 천재예요."

좋은 단어와 나쁜 단어가 섞여 있었다. '중간은 되나 보다'라고 생각했다. 근데 '게으른'이 계속 마음에 걸렸다. 예로부터 우리나라는 농본(農本)사상에 기초해서 '근면함'과 '성실함'을 최고의 미덕이라 여겼는데 게으르다니, 영 달갑지 않았다.

얼마 후 그룹 임원교육에서 리더십 특강이 있었다. 그룹 내 최고의 주가를 올리고 있는 C 사장의 강의였다. 양이 이끄는 사자 무리보다, 사자가 이끄는 양의 무리가 더 강하다는 비유를 통해 리더의 중요성을 강조했다.

'리더가 바쁘면 안 된다. 일은 직원이 하게 하라. 직원과 경쟁하지 마라. 직원을 믿고 맡겨라. 그래야 직원이 큰다. 직원이 크는 게 결국 내가 크는 것이다.'

결론은 '똑게(똑똑하고 게으른) 리더가 되라'였다. 직원들이 꼽은 상사 순위는 '똑게 〉 똑부(똑똑하고 부지런한) 〉 멍게(멍청하고 게으른) 〉 멍부(멍청하고 부지런한)' 순이었다. 이론의 여지가 없다고 생각했다.

그렇다면 직원의 순위는 어떨까? 상사 입장에서는 '똑부'가 일등, '멍게'가 꼴등인 건 자명하다. '똑게'가 나은지 '멍부'가 나은지는 상사 특성에 따라 갈릴 수도 있겠지만, 나라면 일단 똑똑한 직원이 먼저다. '똑게'를 선호한다. 게으른 직원은 바꿀 수 있지만, 멍청한 직원은 답이 없다.

상사는 업무를 장악할 수 있어야 한다. 그러지 못한 상사는 조직을 올바른 길로 리드할 수 없다. 지금은 하이브리드(Hybrid), 융합의 시대이다. 자신의 분야에 대한 깊이 있는 지식은 물론, 다방면에 걸쳐 폭넓은 지식을 가져야 한다. 그래야 통찰의 힘이 생긴다. 이로써 직원을 믿고 위임할 수 있다. 질문을 통해 직원들을 자극하고 성장시키고 자신도 성장할 수 있다. 상사들이여! '똑게'가 되라. 게으른 천재가 낫다.

3

선택의 기회비용을 받아들여라

'너무 고르는 자가 가장 나쁜 것을 갖는다.'

너무 고르다 보면 다른 이들이 좋은 것을 다 집어가고, 결국 가장 나쁜 것만 남는다는 영국 속담이다. 우리 속담 중에도 '너무 고르다 눈먼 사위 얻는다'는 말이 있다. 최상의 선택을 할 수 있다면 좋겠지만 그 결과는 좋을 수도, 나쁠 수도 있다. 어떻게 될지는 두고 봐야 한다.

각종 보고 및 회의는 좋은 의사결정을 위해 존재한다고 해도 과언이 아니다. 사람은 하루에 많으면 1만 개까지 크고 작은 의사결정을 한다. 자신에게만 영향이 미치는 작은 결정에서부터 회사의 존폐를 가를 대규모 결정에 이르기까지 누군가는 꼭 해야만 하는 게 결정이다.

사람들은 자신의 결정으로 벌어질 결과를 두려워한다. 자신의 선택이 후회스런 결과로 나타날까 봐 겁을 내는 것이다. 그래서 결정을 미루거나 회피하려 한다. 이것이 바로 '결정장애' 현상이다. '햄릿증후군'이라고도 한다. '죽느냐 사느냐 그것이 문제로다'로 대변되는 햄릿은 결정을 못하는 우유부단의 상징처럼 인식되고 있다. 인터넷, 스마트폰의 발달은 넘쳐나는 콘텐츠와 상품 정보를 쏟아내 오히려 결정을 더 어렵게 만들고 있다. 이런 결정장애는 고객의 취향, 성격, 연령 등을 분석한 뒤 최적의 상품을 추천해주는 '큐레이션(Curation)' 서비스를 탄생시키기도 했다.

✍ 결정장애를 줄여라

직장생활을 하면서 제일 답답했던 것은 의사결정을 미루는 상사였다. 늘 추가적인 자료를 요구했다. 집단지성이 필요하다며 수시로 회의를 통해 확인하고 또 확인했다. 돌다리도 너무 두드리면 결국 손에서 피가 나는 법이다. 너무 신중해서 타이밍을 놓치기 일쑤였기에 그 상사가 정말 싫었다. 책임지기 싫으면 보직을 내려놓는 게 맞다. 매일매일 피를 말리는 느낌이었다.

왜 이런 결정장애 현상이 나타나는 걸까?

첫째, 목표가 명확치 않아서 그렇다. 명확한 목표일지라도 결과에 대한 두려움을 느끼는데 하물며 불명확한 목표라니! 결정하기 정말 어렵다.

둘째, 선택지가 많아서다. 선택지가 많을수록 오히려 선택에 어려움을 느낀다. 선택하지 않은 나머지를 손실로 받아들이기 때문이다. 결정을 내리고도 만족도가 떨어진다. 반면, 선택이 어려웠던 만큼 최종 선택에 대한 기대도 커진다. 결과에 대한 만족도나 실망 또한 커진다.

실제로 미국에서 한 가지 실험을 했다. 한 방에는 잼을 6개를 두고, 다른 방에는 잼을 24개 두었다. 실험에 참가한 사람들에게 어느 방에서 잼을 구매할지 결정하라고 했다. 많은 사람이 주저하지 않고 24개의 잼이 있는 방을 선택했다. 그러나 실제 구매 결과는 달랐다. 6개의 잼이 있는 방에서는 30%의 사람이 실제 구매를 한 반면, 24개의 잼이 있는 방은 단 3%만이 실제 구매를 했다. 잼의 종류가 너무 많아 선택이 어려웠기 때문이다.

벤저민 하디(Benjamin Hardy)는 저서《최고의 변화는 어디서 시작되는가》에서 이렇게 말했다.

'너무 많은 선택지는 당신을 우유부단하게 만들고 종종 뜨뜻미지근한 태도를 갖게 한다. 경쟁적 선택지가 너무 많으면 자신이 내린 선택에 만족하지 못한다. 결국 자신의 선택에 완전히 충실하지 못하고 항상 뒤돌아본다. 선택지가 적을수록 확고한 선택을 할 수 있다. 주위를 분산시키는 선택지를 제거하라. 기회비용을 받아들여라. 무언가를 놓치지 않을까 하는 두려움을 버려라. 깊이 생각하라. 당신의 삶에서 모든 내적 갈등을 없애라.'

셋째, 데드라인(Deadline)을 정하지 않아서 그렇다. 마감 기한은 더 이상 결정을 미룰 수 없도록 만드는 힘이 있다.

넷째, 실패에 대한 두려움 때문이다. 특히 완벽을 추구할수록 결정에 어려움을 겪는다. 완벽한 결과를 위해 재고 또 저울질할 수밖에 없다. 모든 선택에 완벽한 결정이란 없다. 그래서 완벽하지 않아도 괜찮다는 마인드가 반드시 필요하다.

의사결정을 미루게 하는 한 가지 이유가 더 있다. 동전을 던져 앞면이 나오면 100원을 벌고 뒷면이 나오면 50원을 잃는 게임이 있다고 가정하자. 대부분의 사람은 이런 게임을 하지 않으려고 한다. 100원의 이익보다 50원의 손실을 더 크게 느끼기 때문이다. 기대이익이 더 크다고 주장하는 사람도 있지만 사람들은 손실회피 때문에 다른 선택을 한다. '손실회피'란 얻는 것의 가치보다 잃어버리는 것의 가치를 크게 평가하는 것을 말한다.

조직에서도 마찬가지다. 확실한 의사결정을 위해 관련 부서와의 사전 협의를 거치라고 상사가 지시할 경우를 가정하자. "관련 부서 협의를 거치면, 문제점을 사전에 발견해서 위험을 줄일 수 있다"라고 말하는 것보다는 "관련 부서 협의를 거치지 않으면, 문제점을 사전에 발견하지 못하는 위험을 당신이 감수해야 한다"라고 말하는 것이 훨씬 효과적으로 작용한다. 위험을 줄인다는 이익 측면을 강조하기보다는, 위험을 감수해야 한다는 손실 측면을 강조하는 것이다. 이는 실제 직원을 움직이는 데 훨씬 유용한 툴이다.

𝒥 결정한다는 건 결국 책임을 지는 것

지난여름 자전거를 타다 넘어져 팔을 다쳤다. 팔에 깁스를 해서 택시를 타고 병원을 다녔다. 카카오택시를 호출하고 기다렸는데, 5분이 넘어서야 기사가 도착했다. 조금 멀리서 호출을 잡았다고 했다. 멀리 있었는데도 호출을 잡은 이유를 묻는 내게 택시기사는 이렇게 말했다.

"지금 이 시간은 병원 들어가는 콜은 무조건 잡아야 합니다. 오후 진료 시작한 사람들 나올 시간이거든요. 기다릴 필요 없이 바로 다음 행선지로 연결됩니다."

택시 호출이 올 때 기사들은 목적지를 보고 콜을 잡을지 말지를 결정하는데, 그건 초보 기사들이나 하는 행동이라고 했다. 목적지와 시간대까지 고려해야 한다는 것이다. 사납금 채우기 힘들다고 불평하는 기사들은 자신의 무능함을 인지 못해서 그렇다고 한다. 그러면서 미터기에 찍혀 있는 운행 금액을 가리켰다. 아침 6시에 시작했는데 오후 3시에 18만 원을 넘겼다고 했다. 콜 정보와 본인의 경험을 묶어 빠르게 의사결정한 결과라는 것이다.

집으로 돌아올 때도 택시를 탔다. 미터기를 보았다. 10만 원이 안 되는 금액이었다. 오늘 몇 시부터 운행했는지를 물어보았다. 5시부터 시작했단다. 많은 것을 생각하게 만들었다. 호출에 대한 기사의 의사결정이, 수입을 2배나 차이 나게 한다는 사실에 놀라지 않을 수 없었다.

"나는 일단 결정을 내리면 두 번 다시 생각하지 않는다. 놓친 것에 대한 두려움도 자신의 판단에 대한 의문도 없다."

이는 농구 황제 마이클 조던의 말이다. 농구 경기 중 슛을 할지 패스를 할지 찰나의 순간에도 의사결정은 이루어진다. 그리고 결과로 판단된다.

좋은 의사결정을 위해서는 정보의 질을 높여야 한다. 객관성이 확보된 데이터를 통해 실수를 줄여야 한다. 선입견이나 근거 없는 가정을 없애라. 그리고 과거의 경험에서 배워라. 경험만큼 소중한 자산도 없다.

의사결정을 한다는 것은 책임을 지는 것이다. 결정하지 않은 다른 대안에 대한 기회비용을 감수하는 것이다. 직급이 오르면서 책임질 일이 늘어나는 것은 당연지사니만큼 팀장이 되면서 내가 결정할 일이 많아졌다. 여기서 내가 정의하는 리더의 역할이 중요해졌다. 나는 의사결정에 책임을 지는 것, 그리고 나를 대신할 직원을 키우는 것 이 두 가지를 리더의 역할로 꼽아왔다. 직장생활을 하는 동안 이 두 가지를 지키려 많은 노력을 했다. 빠른 의사결정을 위해서는 내가 업무에 대해 확실히 파악하고 있어야 했다. 그래야 직원들이 검토한 내용에 대해 책임 있는 판단을 할 수가 있다 믿었다. 결국 의사결정은 학습을 통해 인지된 내용을 기반으로 결정하는 것이다. 한 개의 점을 보는 게 아니라 여러 개의 점이 모인 상황을 종합적으로 판단하는 능력을 축적해가는 것이다. 이렇게 축적된 경험치는 실패할 확률을 줄이는 값진 수단이 된다.

직장에서의 좋은 결정은 무엇을 결정하는가보다, 언제 결정하는 가일 때가 많다. 고민하느라 최적의 타이밍을 놓쳐서는 안 된다. 좋은 결정이라고 해서 반드시 좋은 결과를 가져오지는 않는다. 설령 잘못된 결정이 되더라도 선택의 기회비용을 받아들일 줄 알면 되는 것이다. 빠른 판단으로 다른 택시보다 2배 수입을 올리는 택시 기사와 자신의 결정에 대한 믿음으로 전설이 된 조던이 그 좋은 예다. 당신의 결정에 대한 두려움을 버려야 한다. 잭 캔필드(Jack Canfield)는 말했다.

"당신이 원하는 모든 것은 두려움 건너편에 있다."

선택지도 줄여라. 그리고 그 결정을 믿어라. 당신의 결정은 완벽에 한 걸음 더 가까워질 것이다.

4

예측 가능한 리더가 되라

나는 프로야구 LG 트윈스 광팬이다. MBC 청룡 시절부터 일편단심이다. TV 중계로는 잘 보이지 않지만 야구장에서 관람할 때는, 수비하는 선수들이 타자에 따라 수비 위치를 이동하는 모습을 볼 수 있다. 이른바 '수비 시프트(Shift)'다. 타자의 타격 성향에 따라 타구의 방향을 예측하고 수비 위치를 옮겨 안타 맞을 확률을 최소화하는 기술이다.

수비 시프트는 직장에서도 적용된다. 상사의 유형과 상황에 따라 보고의 타이밍과 방법을 달리한다. 깨질 확률을 최소화하는 노력을 하는 것이다. 이런 노력이 결실을 보려면 상사가 나름의 원칙과 기준을 가지고 있어야 한다. 럭비공처럼 어디로 튈지 모르는 변덕스러운 상사를 만나면, 어떤 행동도 예측 불가능하다. 이 따위를 보고서라고 가져왔냐며 호통쳤다가도 글씨체만 바꿔 다시 가져갔는데 잘했다며 통과시키기도 한다. 이른바 '상사 일기예보'를 잘 봐야 한다. 우산을 준비해야 할지 두터운 외투를 입고 가야 할지 판단해야 한다. 미국의 경영컨설턴트인 짐 콜린스(Jim Collins)는 "한 번의 큰 성공보다 일관성 있는 작은 행동이 위대함을 결정한다"며 상사의 일관성을 강조한다. 일관성이 있다는 말은 '예측이 가능하다'의 다른 말이다.

🔧 자신만의 기준을 가져라

예측 가능한 상사들은 자신만의 확고한 기준을 가지고 있다. 업무 처리나 인사 원칙에는 더욱 그렇다. 과장 시절, 본부장으로 모셨던 C 상무가 그런 인물이었다. 직급과 연차는 무시됐다. 철저하게 성과 중심으로 판단했다. 목표 설정부터 실적평가까지 객관적이고 냉정하게 처리했다. 승진을 앞둔 부장이라도 예외는 없었다.

업무 처리는 차갑기로 소문났지만, 가슴은 따뜻한 상사였다. 늘 부하들에게 "수고했어. 힘들지?"라는 말을 아끼지 않았다. 직원 경조사는 반드시 직접 챙겼다. 전남 영암이 본가인 Y 부장의 부친상이 있었다. 다음 날은 임원 워크숍이라 시간을 낼 수 없는 상황이었다. 이번에는 부의금 봉투만 보낼 줄 알았다. 그런데 오후 팀장회의를 당겨서 짧게 끝내는 게 아닌가. KTX 호남선 개통 전이라 김포공항으로 달려가 광주행 비행기를 탔다. 나도 동행했다. 김포행 마지막 비행기까지 2시간 정도밖에 여유가 없었다. 광주공항에서 영암까지 택시로 달렸다. 영암장례식장 앞에 택시를 대기시키고 조문을 했다. Y 부장의 손을 꼭 잡고 기운 내라는 말도 잊지 않았다. 영암까지 본부장이 직접 내려올 것이라고는 상상도 못한 Y 부장은 눈물까지 흘렸다. 5분도 채 안 되어 장례식장을 나와 광주공항으로 내달렸다. 탑승 마감 직전 가까스로 도착해 서울로 올라왔다. 첩보 영화 속 주인공이 된 느낌이었다. 어떤 상황에서도 자신이 정한 기준을 지키려는 본부장의 모습에서, 나는 리더로서 갖춰야 할 많은 것을 느끼며 배웠다.

자회사 영업팀장으로 자리를 옮겼을 때 10명의 영업 사원과 전년 대비 10% 성장 목표가 주어졌다. 계약 만료와 해지 등을 고려하면 실제로 20%는 성장해야 했다. 영업 특성상 밤늦은 접대 활동까지 모두 한마음으로 치열하게 일했다. 한 사람이 문제였다. 노조 간부 P 차장이었다. 자신의 권리만 주장하며 딱 트집 잡히지 않을 만큼만 일했다. 영업 실적은 당연히 꼴찌였다. 다른 팀원들이 열심히 일해준 덕분에 다행히 팀 목표는 초과 달성했다. 팀평가도 최고등급을 받았다. 팀 평가등급에 따라 팀원 인사평가 비율이 달라진다. 잘한 팀에는 일단 D등급이 없다. S와 A등급의 비율이 상대적으로 많다. 우리 팀은 S등급 1명, A등급 2명, B등급 6명, C등급이 1명이었다. 팀원 세 명이 에이스인데, 그중 두 명은 우열을 가리기 힘들 정도로 성과가 좋았다.

실적에 따라 확실히 평가하겠노라 공언했던 나로서는 난감한 상황이었다. 고민 끝에 옆 팀장에게 제안을 했다. A와 C를 줄 테니 S와 D를 교환하자는 내용이었다. 당연히 오케이였다. 대부분의 팀장은 아무리 성과가 낮은 직원일지라도 D등급 주는 걸 꺼린다. 피드백 해 주기도 힘들고, 좋은 관계가 깨질까 봐 부담스럽기 때문이다. 나는 탁월한 성과를 낸 N 과장에게 S등급을 챙겨줄 수 있어 좋았다. 팀 성적 꼴찌인 P 차장은 D등급으로 평가할 수 있어 일석이조였다.

그런데 설마 하던 일이 벌어졌다. D등급을 받은 P 차장이 인사위원회에 제소한 것이다. 나는 인사위원들 앞에서 평가등급의 정당함을 피력했다. 당연히 결과는 바뀌지 않았다. 다른 조직과 달리 영업조직은 불법, 편법이 아니라면 실적으로만 평가가 결정되어야 한다는 게 내 주장이었으니까. 조직 기여도에 따라 확실하게 차별대우를 받아야 한다는 나만의 기준을, 다른 팀과 평가등급을 교환하면서까지 관철시켰다는 게 알려지자 심하다는 소리와 대단하다는 소리가 합창으로 들려왔다.

다음 해에도 영업팀을 맡았고, 팀은 또 최고등급을 받았다. P 차장의 태도와 실적도 작년과 동일했다. 이번에도 등급 교환을 했다. P 차장은 2년 연속 D등급이었다. 이번에는 인사위원회 제소가 없었다. '실적이 좋으면 없던 S등급도 생기고, 부진하면 없던 D등급도 만든다'는 나만의 일화가 만들어졌다.

🔀 예측 가능성은 곧 신뢰다

예측 가능한 상사의 특징 중 다른 하나는 정리의 달인이라는 것이다. 정리(整理)가 아니라 정리(定離)다. 단순히 책상이나 주변을 정돈하는 게 아니다. 떠나보내는 것이다. 버리는 것이다. 편견도, 미움도 심지어 애정도 다 비운다. 얼핏 보면 냉혈한처럼 보이지만 실상은 그게 더 따뜻한 것이다. 자신과 관계하는 모든 사람을 있는 그대로 받아들일 수 있도록 본인을 비우니까.

특정인을 편애하지 않는다. 조직의 특성을 완벽히 이해하기에 성과로 말하는 법을 일깨워준다. 상사와 오랜 친분이 있는 사람은 서운할 수도 있다. 하지만 공(公)과 사(私)는 엄격히 구분되어야 한다. 이런 상사에게는 두려움이 없다. 꿀릴 게 없다. 그러니 언제나 당당하다. 부하들도 상사의 행동이 예측 가능하니 믿고 따른다. 이처럼 리더의 원칙과 기준이 일관성 있게 지켜지고 말과 행동이 예측 가능할 때 신뢰가 쌓인다.

평사원 시절, 인사발령이 났다. 6개월 입사 선배에 밀려 대리 진급에서 누락됐다. 함께 일하던 대리는 과장이 되었다. 본부장도 바뀌었다. 나는 마케팅 부서로 이동하기로 이전 과장과 합의했었다. 새로 승진한 과장이 1년만 더 일하라고 나를 붙들었다. 설득이 안 되자 본부장이 날 불렀다. 공군 중령 출신의 엔지니어였다. 군 시절에 느꼈던 위압감이 전해졌다.

"내가 책임지고 내년에 대리 승진시켜줄게. 그리고 삼 년 만에 과장 승진시켜줄 테니, 부서이동은 없던 일로 해."

너무 어이없어 멀뚱멀뚱 본부장 얼굴만 바라보고 있었다.

"생각할 시간을 줄 테니 나가서 고민하고 한 시간 후에 다시 와."

본부장은 일개 사원인 나에 대해 아는 게 전혀 없었다. 그런데도 내가 필요하다는 과장 말만 듣고 승진을 담보로 나를 잡아두려 했다. 정확히 한 시간을 기다렸다가 본부장실로 들어갔다.

"생각해봤어?"

다소 신경질적으로 본부장이 물었다. 대답하지 않았다.

"남기로 한 거지?"

또 물었다.

"아니오. 가겠습니다."

큰 소리로 답했다. 자신의 권위에 도전했다고 느꼈는지, 본부장이 거칠게 한마디 했다.

"내 방에서 나가."

능력 있는 부하 직원이 다른 부서로 이동하거나(당시 내가 능력 있었다는 얘기는아니다) 혹은 이직하려 할 때, 상사는 직원을 붙잡기 위해 열심히 설득한다. 맨입으로는 어려우니 자신이 가지고 있는 권한을 수단으로 이용한다. "연말에 평가 잘 줄게", "승진 일순위로 올릴게" 하는 식으로 인사 문제를 거론하는 경우도 종종 있다. 그런데 상사가 가장 하지 말아야 할 약속이 바로 '인사 약속'이다. 인사는 뚜껑을 열어봐야 안다는 말도 있듯이, 어떻게 될지 끝까지 모르는 게 인사다. 인사는 한 사람에게 변화가 생기면 퍼즐 맞추듯이 연쇄 이동이 일어난다. 밤늦게까지도 올라가 있던 이름이 아침에 사라지고 없는 게 인사다. 그해 연말에 그 본부장은 옷을 벗었다.

주변에 혹시라도 인사 문제를 약속하는 상사가 있는가? 가능한 한 빨리 그 상사에게서 벗어나라. 상황에 따라 변덕스러운 원칙을 적용할 가능성이 많다. 신뢰할 수 없는 상사다.

예측 가능한 리더가 되어야 하는 이유는, 그래야 상사와 부하 사이에 신뢰가 형성되기 때문이다. 신뢰는 어떠한 난관도 극복할 수 있게 만든다. 신뢰는 소통을 원활하게 한다. 신뢰는 서로 돕고 지원하게 한다. 신뢰는 상호 존중하게 만든다. 신뢰는 일관성을 갖게 한다. 신뢰하는 상사와 부하에게 실패란 없다. 상사들이여! 예측 가능한 리더가 되라.

5

성과라 말하고
실적이라 쓴다

"사람은 좋아."

내가 정한, 직장에서 듣지 말아야 할 평가 1순위 답변이다. 잘 모르는 직원에 대해 알고 싶을 때, 우리는 같이 일했던 동료나 상사에게 "그 친구 어때?"라고 묻는다. 질문을 받은 사람은 그 사람이 어떤 인물인지 생각해본다. "보고서를 기가 막히게 쓴다", "프레젠테이션이 끝내준다"처럼 일 처리가 어떤지 먼저 평가하게 되어 있다. 아니면 "완전 또라이다", "맨날 술이다"처럼 비난성 답변도 한다. 그런데 가끔 뭐라 답할지 생각나지 않는 사람도 있다. 일을 잘하는 것도 아니고, 또한 인간성이 나쁜 것 같지도 않다. 그럴 때 우리가 하는 답변이 바로 "사람은 좋아"이다.

세상에 나쁜 사람이 어디 있겠는가. '잘' 하려다 보니 성질도 내고 나쁜 행동도 하는 것이다. 일에 집중하지 않으니 욕먹을 일도 없고, 일에 대한 욕심이 없으니 남과 다툴 일도 없다. 그러니 좋은 사람이라는 소리를 듣는 것이다. 남에 대해 굳이 안 좋은 소리를 할 필요 없다는 생각이 깊이 박혀서 더 그렇다.

저성과자들에게는 공통적인 특징이 있다.

첫째, 목표가 명확하지 않다. 내가 왜 일을 해야 하는지, 이 조직에서 나의 역할이 무엇인지 정확히 알지 못한다. 시계추처럼 아침이면 출근하고 저녁이면 퇴근한다. 연차가 쌓이면 그 증세는 더욱 심해진다. 리더로 가는 길은 자기 길이 아님을 인지하고 천천히 유람을 하게 된다. 평가에도 관심이 없다. 완전 연봉제가 아닌 이상 매년 물가상승률 정도는 올려주기 때문이다. 노조까지 있는 회사라면 보장을 넘어 '보증'에 가깝다. 정년퇴임도 가능하다. '가늘고 길게'가 삶의 모토가 된다.

둘째, 핑계가 많다. 지각의 이유는, 차가 고장 났든가 아이가 아파서이다. 실적이 저조한 건, 경쟁사가 덤핑(Dumping)하고 고객이 폐업을 해서이다. 몇 가지 레퍼토리가 계속 사용된다. 증명서를 떼 오라고 할 수도 없다. 매번 헐값에 판매하는 경쟁사가 망하지 않고 건재한 건 어떻게 설명해야 할지 모르겠다.

셋째, 결과에만 집착한다. 모로 가도 서울만 가면 된다는 식이다. 불법은 안 되니 온갖 편법이 동원되기도 한다. 실패도, 성공도 경험하면서 실력이 쌓이는 법이다. 한 해만 반짝하는 결과는 내년에 원점에서 다시 시작해야 한다. 결과에 집착하게 되면, 해야 할 과정은 생략한 채 '목표 달성'이라는 사실에만 주목한다. '매일 두 명의 고객을 만나겠다', '매주 한 가지 상품을 팔겠다'와 같은 과정 목표를 생략하는 우를 범하는 것이다.

🛝 중요한 일이 먼저다

성과가 나지 않는 조직은 업무방식도 비효율적이라는 조사가 있다. 대한상공회의소에 따르면, 국내 기업의 업무방식 종합점수는 100점 만점에 45점으로 조사되었다. 특히 업무의 목적과 전략이 분명한지를 묻는 업무 방향성에서 가장 낮은 점수인 30점을 기록했다. 왜 그런가를 묻는 질문에는 50%가 넘는 인원이 원래부터 의미 없는 업무라고 답했다. 결국 중요한 일에 집중하지 않는 것이 업무 비효율성의 원인이라는 얘기다. 그렇다면 중요한 일과 그렇지 않은 일을 어떻게 구분해야 할까?

첫째, 나의 목표와 부합하는가를 따져보아야 한다. 내 목표와 맞지 않는 일은 중요하지 않다고 생각해도 좋다.

둘째, 그 일이 내가 책임져야 하는 일인지 확인해야 한다. 다른 사람이 책임져도 되는 일이라면, 내겐 중요한 일이 될 수 없다. 책임 전가와는 다른 차원이다.

셋째, 일의 결과가 어떤가를 따져야 한다. 결과가 미치는 영향이 얼마나 큰가에 따라 일의 중요도가 결정된다.

넷째, 결과에 대한 만족도다. 나의 성장에 도움을 주는지, 내가 일에 대한 보람을 느끼게 하는지도 중요한 일을 구분하는 기준이다.

그렇다면 중요한 일과 급한 일 중에서는 어떤 일을 먼저 해야 할까? 중요한 일을 먼저 해야 한다. 급한 일은 오늘 처리하고 나면 내일 또 생긴다. 급한 일에 치어서 중요한 일을 미루면 결국 큰 위험에 처하게 된다. 정리하면 중요하고 급한 일을 먼저 하면 된다. 다음엔 중요하고 급하지 않은 일을 하라. 중요한 일이 모두 끝나면 급한 순서대로 일을 하면 된다. 업무 리스트도 작성하라. 시간을 어디에 써야 하는지 정확히 파악하는 습관을 들여라. 일의 능률은 더욱 증가된다.

성과를 내기 위해서는 일의 목적과 배경을 정확히 파악해야 한다. 왜 이 일을 하려고 하는지, 어떻게 할 것인지에 대해 알아야 한다. 일을 지시한 상사의 의도를 정확히 파악해야 한다. 짐작으로 일하지 말고 모르면 확인해야 한다. 일을 구체적으로 지시하지 않았다고 상사를 탓하지 마라. 엉뚱한 결과물을 가져오는 직원보다, 정확히 무엇을 원하는지 다시 묻는 직원이 결과도 좋고 사랑도 받는다.

일은 지시한 상사의 입장에서 처리되어야 한다. 상사가 일의 고객이기 때문이다. 상사가 원하는 결과에 집중하라. 부장과 상무가 동시에 업무 지시를 하면 상무 지시가 우선이다. 단, 부장의 지시를 무시하지 말고 부장에게 상무 지시가 있으니 먼저 처리하겠다고 알려야 한다. 그렇지 않으면 당장은 넘어가더라도 앙금이 쌓이는 게 인간이다.

또한 성과는 상사의 눈으로 평가되어야 한다. 상사가 의도한 대로 일이 완료되었는지, 결과물이 제대로 나왔는지가 평가의 척도가 된다. 내가 최선을 다했고 나 혼자 자랑스러운 것은 평가의 기준이 되지 못한다. 내가 잘한 줄 아는 착각일 수 있다.

〰️ 엉덩이를 가볍게 하라

실적의 내용도 중요하다. 나는 통신 회사에서 근무했는데 회선이나 서비스를 한 번 이용하게 되면 짧게는 1년 길게는 3년, 5년까지 계약을 한다. 한 달 매출 크기가 같더라도, 계약 기간이 길수록 안정적 매출이 확보된다. 회사에는 당연히 장기계약이 유리하다. 타 통신사에 빼앗길 걱정도 없다.

문제는 실적평가를 1년 단위로 하는 데 있다. 영업 사원은 시간이 오래 걸리는 장기계약고객의 유치를 꺼린다. 그해 매출에 전체가 반영되는 프로젝트성 매출에 매달린다. 하반기에 유치하게 되면, 금년도 실적 반영이 몇 개월 치에 불과해 내년으로 미루기도 한다. 성과만 강조하느라 생긴 부작용이다.

성과에 집중하려면 성과와 관련 없는 부탁이나 지시를 거절할 줄도 알아야 한다. 전화 사업을 하다 인터넷 사업으로 자리를 옮겼을 때다. 업무 파악도 하기 전에 대형 고객의 거센 요청에 부딪혔다. 회사로서는 들어줄 수 없는 요청이었다. 영업 부서에서 감당이 안 되니 사업팀장인 내게 막아달라고 했다. 하는 수 없이 고객사의 팀장을 만났는데 다짜고짜 해결해달라고 요구해왔다. 내가 잘 모르는 표정을 짓자, 상세한 설명까지 곁들이며 재차 압박을 했다. 잠시 고민을 하다 내가 말했다.

"BGP(Border Gateway Protocol)? 그게 뭔데요?"

내 말에 고객사 팀장은 당황했다.

"아직 무슨 말인지 모르겠으니, 내가 좀 더 공부한 후에 다시 얘기하시지요."

무식해 보이기는 싫었지만 회사에 유리한 결과를 이끌어내기 위해 참아야만 했다. 아닌 건 못 하는 거다. 답하기 싫으면 침묵해도 괜찮다. 거절의 의사를 명확히 밝혀라.

엉덩이가 가벼운 사람이 성과도 좋다. 게으름은 의자에 붙어 있는 시간에 비례한다. 성과는 현장에서 나오니 현장에 가는 게 당연하다. 관련 부서를 쉼 없이 들락거려라. 자주 통화하고 자주 만나고 자주 식사도 함께하라.

현장은 특정 장소를 의미하는 게 아니다. 고객접점에 있는 사람이 바로 현장이다. 형식지에 치우치지 말고 실질지에 매달려라. 거기서 답이 나온다. 개선점도 찾고 새로운 서비스도 만들어진다. 그게 바로 진정한 성과이다.

'하고 싶은 일'과 '해야 하는 일'이 있다. 하고 싶은 일은 내가 원하는 일이다. 해야 하는 일은 회사와 상사가 원하는 일이다. 그렇다면 하고 싶어도 참아야 하지 않겠는가. 해야 하는 일에 매달려라. 하고 싶은 일은 퇴근 후에 하든가, 아니면 퇴직하고 하라.

'과연 제대로 할 수 있을까?' 하는 의구심도 버려라. 이론과 현실이 다르다고 생각하지 마라. "해봤는데 안 되는데요"와 같이 저항하는 마음을 버려야 한다.

'아는 만큼 보인다. 보이는 만큼 그릴 수 있다. 그리고 그린 만큼 실행할 수 있다.'

이는 실적을 부르는 주문이다. 실적이 좋은 직원은 눈에 잘 띈다. 입고 있는 옷이 작아 보이기 때문이다. 가진 역량과 실적에 비해 맡은 역할이 작게 보인다는 의미다. 당신이 입은 옷을 작게 하라. 새로운 큰 옷이 당신에게 주어지기까지 그리 오랜 시간이 걸리진 않을 것이다.

6

'때문에'보다
'덕분에'를 말하라

"오랜만입니다. 그동안 잘 지내셨습니까?"

"덕분에요. 잘 지내셨지요?"

우리가 평소에 자주 쓰는 말이다. 한동안 못 보고 연락도 안 했는데, 잘 지낸 이유가 상대방 덕분이란다. '덕분'의 사전적 의미는 '베풀어준 은혜나 도움'이다. 실제 도움이나 은혜를 베푼 것은 없지만, 친근감과 감사의 의미를 담은 긍정의 표현이다. 상대방으로 말미암아 좋은 결과가 있다는 겸손의 표현이다. 나를 낮추는 표현이고 상대방을 올리는 표현이다. '덕분에'라는 표현은 듣는 상대방도 기분이 좋다.

"표정이 왜 그래? 뭐 안 좋은 일 있어?"

"부장 때문에 그래. 주말에 출근하라잖아!"

기분이 좋지 않은 원인이나 이유가 부장 때문이다. 정확히는 부장이 한 말 때문이다. '때문에'라는 표현은 주로 부정의 의미로 쓴다. 사물에 대해서는 일부 긍정으로도 사용하지만 사람에 대해서는 대부분 부정의 표현이다. 부정적 현상이 생겨난 이유나 원인을 뜻하는 '탓'과 같은 의미다. 대화 중에 상대방 탓을 하면 싸움이 벌어진다. 내게 일어난 안 좋은 일이 '너 때문'이란다. 기분이 좋을 사람은 없다. 설령 그게 사실이어도 그렇다.

우리는 찡그린 얼굴보다 웃는 얼굴을 좋아한다. 무서운 인상보다 부드러운 인상을 좋아하고 부정적인 사람보다 긍정적인 사람을 좋아한다. 나를 받아줄 것 같고, 내게 해코지를 안 할 것 같아서다.

매사에 부정적인 사람은 주변에 늘 있다. 모든 일에 불만이다. 주어진 일에 대해 한껏 불평한다. 관계되는 사람들을 싸잡아 비난한다. 자신에게 도움 되는 일조차도 불만이다. 이런 사람들은 남의 탓만 한다. 지하철이 연착되어 지각한 거다. 제시간에 일을 못 끝내는 것은 관련 부서가 협조를 안 해준 탓이다. 영업 실적이 저조한 건, 상품이 경쟁력이 없어서 그렇다. 늘 이런 식이다. 그런 사람과 같이 있으면 부정의 기운이 퍼진다. 자신도 모르게 같이 물들어간다. 멀리해야 한다. 들어주고 동조하면 안 된다.

팀장 시절, 팀원들에게 줄 추석 선물을 준비한 적이 있다. 정관정홍삼은 너무 비싸서 한 등급 낮은 브랜드의 홍삼을 준비했다. 생각지도 않은 선물을 받은 팀원들은 무척 좋아했다. 그 모습에 뿌듯함까지 느꼈다.

"에이, 홍삼은 정관장이 최고인데, 기왕이면 좋은 걸로 주시지."

늘 불평불만을 입에 달고 사는 L 과장의 말이었다. 별명도 '투덜이 스머프'였다. 몸에 기운이 확 빠졌다. 괜히 선물을 준비했나 후회스러웠다. 기뻐하는 팀원들보다 불평하는 한 명의 팀원 말에 신경이 더 거슬렸다. 선물을 받고 좋아하던 팀원들도 어색해진 분위기에 어쩔 줄을 몰라 했다. 미꾸라지 한 마리가 물을 흐린다는 옛말은 사실이다.

추석 연휴를 마치고, 결국 L 과장과의 면담을 가졌다. 본인이 원하는 다른 팀으로 보냈다. 그러지 않아도 인원이 부족했던 터라 팀원 한 명이 줄어든 것은 엄청난 전력 손실이었다. 하지만 발목을 잡는 팀원은 없었다. 오히려 팀워크나 조직 성과 측면에서 더 좋은 결과를 가져온 것은 자명했다.

✍ 'Yes'의 3가지 의미

사람과 관계를 맺고 살아가면서 우리는 수많은 판단과 의견을 표현한다. 자신의 생각과 같으면 "예"라고, 다르면 "아니오"라고 표현한다. 상대방의 답변을 듣고, 우리는 긍정인지 아닌지를 판단하게 된다. 보통은 그게 맞다. 하지만 직장생활을 하는 데에서는 항상 적용되는 것은 아니다. 우리가 똑같이 "예"라고 표현하지만, 그 의미가 상황에 따라 다르게 표현된다.

먼저 상사의 단순 지시에 우리는 "예" 하고 답한다. 알겠다는 의미다. 일반적인 경우다.

다음은 강한 동의나 기쁨을 나타내는 '예!'이다. 상사가 퇴근하면서 "내일 연차니까 일 잘하고 있어. 알겠지?" 한다. 대부분 직원은 큰 소리로 "옙!" 하고 답한다. 상사가 자리를 비운 내일을 상상한다. 기쁨에 넘친 대답이다. 영어로 "Yes, sir!"에 가깝다.

세 번째는 "예?"라고 답하는 경우다. '뭐라구요?'의 함축된 표현이다. 분명 표현은 "예"라고 했다. 하지만 끝이 올라가고 뒤에 물음표가 붙는다. 실제 내용은 '이건 또 뭔 개 풀 뜯어먹는 소리야?'는 의미다. 여자 친구와 저녁 약속이 있는데, 상사가 갑자기 '오늘 회식이다', '내일 보고자료 때문에 오늘은 야근이다'라고 할 경우가 해당된다. 마음은 완강히 부정하고 있다. 하지만 입에서는 "예"로 나온다. 긍정 단어다. '아니오. 안 됩니다'의 부정이 아니다.

30년 직장생활 동안 불합리하다고 생각되는 상사의 요구나 지시를 많이 겪었다. 하지만 즉각 "아니오"라고 답해본 경험은 많지 않다. 내가 예스맨이라는 의미는 아니다. 긍정적인 사람이라는 뜻도 아니다. 아니라고 답할 상황이더라도, 그 자리에서는 즉답을 피했다. 직장생활에 예외 없이 적용되는 절대불변의 법칙을 잘 따른 셈이다.

자신의 지시를 면전에서 거절하는 부하를 너그럽게 받아줄 상사는 이 세상에 없다. 설령 지시가 불합리하다 할지라도 말이다. 이해하는 척할 뿐이다. 하지만 나의 거절은 언젠가 비수가 되어 내게 돌아온다. 그러니 일단 수용하고 자리로 돌아가 아닌 이유와 논리적

근거를 찾아야 한다. 다른 대안이 있는지도 탐색한다. 상사의 지시에 따르려고 고민했던 시간이 있었음을 보여야 할 필요도 있다. 가끔은 지시한 내용이 철회되거나, 다른 대안으로 바뀌기도 한다. 때로는 일이 줄어들기도 한다. 어쩔 수 없이 하게 되더라도, 내 일정에 맞춰 조정할 수도 있다.

맹목적으로 긍정하라는 의미가 아니다. 무턱대고 부정하라는 의미도 아니다. 상황에 맞게 판단하되, 안 되는 쪽보다는 되는 쪽을 택하는 것이 직장생활의 기본이다. 막연하고 비현실적인 긍정은 오히려 병사들을 죽음에 이르게 만든다는 제임스 스톡데일(James Stockdail) 장군의 일화가 있다. 베트남전쟁에서 월맹군 포로가 된 미군 병사들은 크리스마스에는 석방될 거라는 막연한 긍정으로 지냈다. 결국 지쳐서 죽고 만다. 스톡데일 장군은 석방될 것이라는 희망과 긍정의 마음을 가지면서도, 모진 고문에도 포기하지 않고 견뎌 결국 살아 돌아왔다. 현실 상황에 근거한 긍정이 정답임을 보여준 사례다.

긍정과 겸손이 필요하다

"집이 가난해서 어린 나이에 점원이 됐고, 그 덕에 어릴 때부터 상인의 몸가짐을 익혔습니다. 저는 태어날 때부터 몸이 약했습니다. 그 덕분에 남에게 일을 부탁하는 법을 배웠지요. 학력이 모자랐기에 항상 다른 사람에게 가르침을 구했습니다."

〈아사히신문〉이 천 년 동안 일본이 배출한 가장 뛰어난 경영자로 뽑은 마쓰시다 고노스케의 인터뷰 내용이다. 그는 자신의 성공 비결을 가난과 약한 몸, 낮은 학력이라고 꼽았다. 보통 사람들이 실패의 핑계로 삼을 만한 자신의 상황을, 오히려 성공 요인으로 판단한 것이다. 결국 주위 환경을 탓하지 않고 긍정적 사고로 극복한 그는 일본 최고의 경영자로 자리매김하였다.

'덕분에'라는 표현을 쓰는 사람들은 겸손하다. 남의 '탓'이 아니라 남의 '공'으로 돌린다. 세상에 혼자 잘해서 얻어지는 성공은 없다. 배우 황정민이 청룡영화제 남우주연상 수상 후 "스태프들이 잘 차려놓은 밥상에 숟가락만 얹었을 뿐"이라고 한 수상 소감이 오래 기억되는 이유이다. 겸손한 사람은 자신이 완벽하지 않다는 것을 잘 안다. 자신의 한계를 알기에 노력하는 모습을 보인다. 자신의 실수를 인정할 줄도 안다. 결코 남의 공을 가로채려 하지도 않는다. 겸손은 선순환이 된다. 도와준 사람들이 또 도와주고 싶어진다. 도와주지 못하면 미안하다는 마음마저 갖게 한다.

'때문에'라는 표현은 변명이고 핑계다. 결과가 좋을 때는 쓰지 않는다. 내 잘못이 아니라고 발뺌할 때 혹은 남을 탓할 때 쓴다. '때문에'는 부정의 표현이다. 들으면 기분이 좋지 않다. 때론 화도 난다. 직장인이라면 피해야 할 단어요, 갖지 말아야 할 마음자세이다.

'덕분에'는 긍정과 겸손의 표현이다. 과정에 긍정으로 임하고, 결과에 겸손하라. 내게 일어나는 모든 일에는 이유가 있다고 생각하라. 힘들고 어려운 상황이 닥치더라도, 나를 단련시키고 나를 강하게 만들기 위함이라 여겨라. 긍정의 힘은 위대하다. 겸손은 최고의 미덕이다. '덕분에'라는 단어 하나가 당신을 긍정과 겸손의 삶으로 이끌 것이다.

7

일은 곰탕이 아니다. 우려먹지 마라

가마솥에서 푹 끓여낸 곰탕은 뼈와 살이 시간과 함께 녹아내려 뽀얀 국물 맛이 일품이다. 곰탕은 오래 끓여야 제맛이 난다. 설렁탕과 유사하지만 넣고 끓이는 고기 부위와 간을 맞추는 방법이 다르다고 한다.

회사에서도 일을 곰탕처럼 하는 직원이 있다. 늘 하던 대로, 해오던 대로 일을 진행한다. 작년 보고서에 숫자만 바꾸어 다시 올린다. 조직 변화가 심한 회사일수록, 환경 변화에 영향을 덜 받는 부서일수록 이 증상은 심해진다. '사람은 착할 리가 없다. 동물과 다르지 않다'라는 순자의 사상을 빌려오지 않더라도, 사람들이 변화를 싫어한다는 사실을 모두 인지하고 있다. 그렇다면 왜 사람들은 변화를 거부하고 저항하는 것일까?

먼저, 익숙함 때문이다. 편안해서 그렇다. '귀차니즘'이라고도 할 수 있다. 누구에게나 '처음'과 '새로움'은 낯설다. 친화력과 적응력이 강한 사람도 마찬가지다. 다만, 속도에 차이가 있을 뿐이다. 시간이 지나면 주변 사람과도 가까워지고, 하고 있는 일도 어떻게 돌아가는지 파악된다. 내가 생각하고 내가 마음먹은 대로 돌아가기도 한다. 서당 개 3년이면 풍월을 읊는 마당에, 회사일 3년이면 더 이상 새로운 게 없다. 내가 편한데 다시 처음을 시작하고 싶은 사람은 없을 것이다. 배치 전환이 필요하고, 자기계발을 해야 하는 이유다.

다른 하나는 불안함이다. 새로운 시도를 했을 때 어떤 결과가 나올지 두려워서다. 가만있으면 중간은 하는데, 왜 변화를 줘서 고생을 사서 하는가. 발전은 못할지 몰라도 욕먹을 이유는 만들지 않게 된다. '현상유지편향(Status Quo Bias)'이다. 사람들은 특별한 이익이 주어지지 않는 한, 현재의 상황을 바꾸지 않으려는 성향을 보인다는 이론이다.

패키지 해외여행을 예로 들어보자. 공항에 도착하면 현지 버스가 대기하고 있다. 가이드의 인원 확인이 끝나면 짐을 싣고 버스에 오른다. 그때 처음 앉은 자리가 돌아올 때까지 고정석이 된다. 한 번 정한 전화번호나 이메일 주소를 바꾸지 않으려는 이유와 유사하다. 비슷한 개념으로 '경로의존성(Path Dependancy)'이 있다. 한 번 일정한 경로가 형성되면 나중에 더 효율적인 경로가 생겨도 여전히 예전 경로를 벗어나지 못하는 현상이다. 현재 우리가 이용하는 열차선로 너비가 그렇다. 2천 년 전 말 두 마리가 끄는 전차 폭에 맞춰 만든 로마

가도의 폭이 기준이었다. 우리가 고객이라면 굳이 변화를 택해야 할 이유는 없다. 고객이 돈을 지불하기 때문이다. 문제는 우리가 고객이 아니라 '직장인'이라는 사실이다. 그래서 현실에 안주해서는 안 되는 것이다.

🥾 처음으로 돌아가라

세상의 모든 일과 마찬가지로 익숙함도 양면성을 갖고 있다. 편안하다는 플러스 측면 뒤에 감춰진 마이너스 측면이 더 큰 게 문제다. 교통사고의 경우 초보 때는 오히려 사고가 나지 않는다. 설령 나더라도 경미한 접촉사고 정도다. 운전이 무서워 조심하고 속도도 올리지 않기 때문이다. 차선변경을 못해 직진한 경험은 많은 이가 겪었을 테고. 길도 익숙해지고 운전에 감이 오기 시작할 때가 대형사고의 위험이 가장 크다. 익숙함은 무사안일을 부른다. 여태 사고가 없었기에, 경미한 시그널(Signal)은 경험상 무시하는 것이다. 대형사고의 대부분이 인재(人災)인 이유는 이런 익숙함에 기인한 무사안일 때문이다.

또 하나는 본전 생각이다. 다른 말로 하면 '매몰비용(Sunk Cost)'이다. 지금까지 해온 아이템을 버리지 못한다. 한때 영화를 누리던 상품도 시간이 흐르면 쇠퇴기에 접어든다. 새로운 트렌드로 시장이 변화하는데도 애써 외면하고 저평가하려 한다. 여태 쌓아온 브랜드 가치를 버리지 못하는 것이다. 투자한 게 아까워서, 그간 들인 공이 아까워서 한 번 더 우려먹으려 한다. 머피의 법칙은 이럴 때 더 정확히 들어맞는다. 1등 지위를 잃는 게 아까워 디지털 세상에서 필름 산업을 고집하다 쇠락한 코닥(Eastman Kodak Company), 스마트폰으로의 패러다임 전환에 대응 못하고 결국 무너진 휴대전화 왕국 노키아(Nokia)에서 우리는 많은 교훈을 얻는다. 아예 산업 자체를 바꿔 재기에 성공한 제너럴일렉트릭(General Electric Company)이나 히타치제작소(Hitachi)처럼은 아니어도 시대의 흐름에 맞춰 변화해야 할 필요는 있다.

회사의 목표는 1년 단위가 대부분이다. 매년 새로운 목표가 설정되고, 어떤 사업을 전개할지 어떻게 달성할지에 대한 계획과 전략을 수립한다. 환경이 급변하지 않는 한, 작년에 했던 보고서를 참고해서 작성하는 것이 일반적이다. 그 틀에서 일부 변화도 주고 형식을 바꾸기도 한다.

내 경우는 좀 달랐다. 사무실의 내 컴퓨터에는 작년 자료가 아예 없다. 매년 1월 첫 출근해서 내가 하는 일은 과거 자료를 삭제하는 것이었다. 내가 작성한 자료는 물론이고 직원들이 올린 보고서까지, 단 한 개도 남겨두지 않고 지웠다. 새롭게 시작하자는 의미의 리셋이다. 처음엔 익숙하지 않아 고생도 많았다. 괜히 지웠나 후회도 했다. 부장이 작년에 보고한 자료를 출력해달라는데, 지워버린 자료를 다시 만들 수도 없어 심하게 혼난 기억도 있다. 2년쯤 지나면서 자료 삭제의 효과가 나타나기 시작했다. 내가 작성한 보고서나 자료는 내용은 크게 다르지 않았다. 하지만 그동안 익숙하지 않은 형식을 갖추고 있어서인지 평가가 좋았다. "보고서를 잘 쓴다", "일을 잘한다" 는 소리가 심심치 않게 들려왔다. 과거의 자료와 그 틀에서 벗어나는 것만으로도 신선함을 줄 수 있다. 업무 능력까지도 향상될 수 있다는 사실을 그때 알았다.

🪜 일단 환경부터 바꿔라

현실에 안주해 그대로 살고자 한다면 익숙한 것들을 선택하면 된다. 하지만 의지력과 인내심이 강한 사람도 결국 시간이 지나면 환경의 영향을 받을 수밖에 없다. 중요한 것은 자신에게 도움 되는 쪽으로 환경을 바꾸는 것이다. 자신의 성장 방향에 맞춰 환경을 재설정하는 것이다. 일에 집중하고 싶다면, 사무실이든 작업 공간이든 모든 방해 요소를 제거해야 한다. 다이어트를 한다면서 냉장고와 책상 위에 간식거리를 잔뜩 쌓아두는 일은 없어야 한다.

의지만 있으면 어떤 환경에서도 가능하다는 생각은 버려라. 환경을 바꾸지 않고 변화하겠다는 건 단순한 인내력 테스트에 불과하다. 그럴 경우 무조건 지는 게임을 하는 것이다. 책상부터 치워라. 냉장고에서 필수 음식 외에는 싹 비워라. 새롭고 창의적인 아이디어를 얻고 싶은가? 책상머리에 앉아 고민할 것이 아니라 당장 차를 몰고 교외로 드라이브를 나가라. 수주 실적을 올리고 싶은가? 우선 고객부터 만나라. 소망과 긍정만으로 이루어질 수 있는 건 생각보다 많지 않다.

변화에 적응할 역량도 키워야 한다. 최근 '애자일(Agile)' 조직체계를 도입하는 회사가 늘고 있다. 기존의 조직체계하에서는 급변하는 환경 변화에 대응하기 어렵다. 다들 신속하고 변화에 유연하며 적응에 뛰어난 조직으로 변하고 있기 때문이다. 발렌시아대학 연구팀에 의하면 '조직학습역량(Organizational Learning Capability)'이 변화에 대응하는 조직에서 공통으로 발견되었다고 한다. 구성원 개개인의 역량을 조직 차원으로 승화시켜 변화에 적응한다는 것이다.

변화에 성공하려면 반드시 저항을 극복해야 한다. 그렇지 않고는 변화도, 혁신도, 발전도 없다. 변화를 이끌어내기 위해서는 기술이 필요하다. 사람은 태어날 때부터 변화를 싫어하는 속성을 지니고 있다. 사람이 구성원인 조직도 마찬가지다. 어떤 변화든 저항이 있게 마련이다. 변화에 성공하려면 이런 저항을 극복해야 한다. 변화하지 않으면 닥칠 위기를 정확히 알려줘야 한다. 건강한 소통과 조직의 발전을 가로막는 낡은 기업문화를 타개해야 한다는 경고메시지가 필요하다. 직원들이 서로에게 익숙해져 생각마저도 무뎌져버리는 현상을 경계해야 한다.

그러기 위해 눈치 보지 않는 리더와 직원이 필요하다. 미움을 받을지언정, 뜻을 굽히지 않고 관철시킬 끈기와 의지가 필요하기 때문이다. 그리고 저항의 원인이 무엇인지를 분석해 직원 모두를 변화에 동참시켜야 한다. 찻잔 속의 태풍으로 끝나서는 아무런 변화도 기대할 수 없다. 지금 처한 현실을 정확히 인식하라. 변화 후 미래의 모습을 그려 지금 당장 변화를 실천해야 한다. 가장 작은 변화부터 시작하라. 헤어스타일을 바꾸면 사람이 달라 보인다. 늘 하던 일이라도 기존 틀을 없애고 새로운 형식으로 바꿔보라. 헤어스타일에 맞게 의상도 바꾼다. 틀과 형식이 바뀌면 당신의 콘텐츠도 바뀐다. 작은 곳에서 이미 변화는 시작되고 있는 것이다.

8

3등은 괜찮아도
삼류는 안 된다

2014년 12월, 이륙을 위해 활주로를 이동 중이던 항공기가 게이트로 되돌아왔다. 수석사무장이 항공기에서 내린 후 항공기는 다시 이륙했다. 이른바 '땅콩회항 사건'이다.

대한항공 조양호 회장의 장녀인 조현아 부사장이 뉴욕발 대한항공 1등석에서 마카다미아를 봉지째 가져다준 승무원의 서비스를 문제 삼았다. 그녀는 결국 기내에서 난동을 부리고 항공기를 되돌려 승무원을 내리게 하였다. 상식을 뛰어넘는 갑질에 대한 여론의 뭇매에, 그녀는 모든 보직에서 물러났다. 재판을 통해 징역 10개월, 집행유예 2년을 선고받았다.

2013년 5월, 30대 영업 사원이 50대 대리점 사장에게 물건을 강매하며, 입에 담기 힘든 욕설을 쏟아낸 녹취록 파일이 온라인상에

폭로되었다. 남양유업 대표는 녹음 파일이 3년 전 내용이며, 해당 영업 사원은 사직서를 제출하고 이를 수리했다며 사과 글을 올렸다. 밀어내기 갑질로 재판에 처해진 대표는 징역 1년 6개월에 집행유예 2년이 선고되었다. 반면, 대리점 사장은 '어떠한 피해보상에 대한 소송도 제기할 수 없다'는 협약서 조항 때문에, 본인 잘못도 아닌 수억 원의 빚을 떠안게 되었다.

🏃 갑질하지 마라. 당신도 어느 순간에는 을이다

중학교 시절 선도부 선배들은 노란색 '완장'을 찼다. 등굣길, 노란색 완장은 멀리서도 눈에 잘 띄었다. 교복 상태, 명찰, 가방, 신발에 이르기까지, 선도부 선배들은 매의 눈으로 우리를 지켜보았다. 혹시 눈이라도 마주치면 불려갈까 봐 두려워 고개를 숙인 채 땅만 보고 걸었다. 나도 3학년 때 그 노란 완장을 찼다. 내 앞을 지나는 후배들의 겁먹은 표정에서 묘한 쾌감을 느끼기도 했다. 후배들은 내가 아니라 내가 찬 완장을 무서워했다. 그런데도 나는 그 완장을 나와 동일시했다. 지나가는 후배를 괜히 불러세우기도 했다.

누구나 완장을 좋아한다. 나 역시 그렇다. 완장은 힘과 지위의 상징이다. 어깨에 힘을 줄 수 있고, 인정을 받을 수 있는 우두머리가 되려 한다. 당시엔 그게 갑질인 줄 몰랐다. 어린 사춘기 시절엔 그랬다.

'갑질'이란 권력의 우위에 있는 갑이 권리관계에서 약자인 을에게 하는 부당행위를 통칭하는 개념이다. 그런데 우리 사회에 만연하는 갑질을 과연 인성의 문제로만 치부할 것인가? 땅콩회항 사건의 피해자인 박창진 사무장은 휴직 후 일반 승무원으로 복직해 근무 중이다. 그의 출퇴근길은 자신에게 피해가 올까 봐 두려운 사람들 때문에 홍해의 바닷길이 열렸다.

EBS 시사 토크쇼 〈빡치미-빡빡한 세상에 치밀어 오르는 분노가 있다면 미(Me), 나에게 오라〉에서 '갑질공화국 대한민국'을 주제로 다룬 적이 있다. 이때 갑질은 조 부사장만의 문제가 아님이 밝혀졌다. 박 사무장의 말을 빌리면, 많은 승객이 항공규칙을 준수하지 않고, 승무원들에게 반말과 폭언을 일삼는다고 한다. 항공기 가격에 승무원의 서비스도 포함되어 있다고 인식해서 그렇다고 한다. 갑질 승객과 승무원의 마찰이 있을 때에도, 회사는 직원을 방어하려 들지 않는다. 오히려 회사 차원의 문제로 확대시키지 않고 승무원 개인의 문제로 처리해버린다. 승객의 이탈이 두렵고 온라인상의 댓글, 청와대 국민청원 등으로 회사가 영향을 받는 게 두려워서이다.

직장에서도 마찬가지다. 한 설문조사에서 직장인 97%가 상사의 갑질을 경험했다고 한다. 직장인이 생각하는 최고의 갑질은 '묻지도 따지지도 말고 시키는 대로 하라고 윽박지르기'로 나타났다. 직장인 매거진 〈M25〉에 따르면, 내가 당한 최악의 갑질에 '자기 아들 과학 숙제로 병아리 탄생 과정을 찍어 오라고 해서 양계장까지 달려갔던 일'도 있었다고 한다. 갑에게 을의 희생은 당연하다 생각하는 게 문제다.

갑질하는 상사를 어떻게 대해야 할까? 일단 녹취를 하는 게 좋다.

최근엔 스마트폰의 녹음 기능을 활성화한 채 상사를 대한다는 애기도 자주 들었다. 녹취를 하게 되면 분노 조절을 못해 갑질을 해대는 상사뿐만 아니라, 책임이나 잘못을 떠넘기는 '미꾸라지' 행위도 막을 수 있다. 직원의 실적을 자기 것으로 빼돌리는 '가로채기'에도 유용하게 대처할 수 있다. 이런 녹취가 회사 내 불신 분위기를 조성하고 신뢰가 깨진다는 우려도 있다. 하지만 갑질을 해대는 상사와의 신뢰는 원래 없었기에 크게 문제될 건 없다.

🛬 삼류 행동은 피하라

사람들은 문제가 생겼을 때 자신보다는 남을 비난하거나 비방한다. 나도 그렇다. 남의 잘못이나 결점을 책잡아서 나쁘게 말하고 비난하난 것은 인간의 본성에 가깝다. 비난에도 종류가 있다. 먼저 당신을 비난함으로써 만족을 얻는 부류가 있다. 이런 비난은 전부 무시해도 괜찮다. 그렇지만 당신에게 도움을 주고자 하는 비난은 깊이 새겨들어야 한다. 그런 사람이야말로 진짜 당신을 아끼는 사람이기 때문이다.

직원이 상사를 면전에서 비난하기란 불가능에 가깝다. 그래서 상사에 대한 비난은 대부분 뒷담화다. 그러나 직원에 대한 상사의 비난은 상사 성격에 따라 다른 형태로 나타난다.

첫째, 사실로 비난하는 경우다.

"김 대리! 경영학 전공한 거 맞아? 어떻게 재무제표를 제대로 읽

지도 못해?"

　업무 지식이 부족한 사실을 면전에서 질책한다. 요즘 말로 '팩폭(팩트 폭력)'이다.

　둘째, 재를 뿌리는 경우다.

　"이렇게 일하면 직장생활 오래 못 하는 거 알지? 누가 김 대리와 일하고 싶겠어?"

　자기 자신의 안 좋은 것만 언급하지 않은 채 남의 미래까지 걱정하며 비난한다.

　셋째, 인격 모독이다.

　"도대체 기본이 안 되어 있네. 전에 같이 일하던 팀장이 누구야? 교육을 이따위로 시키고 말야."

주변 사람까지 건드린다. 이런 상사가 진짜 삼류다. 삼류란 어떤 방면에서 가장 낮은 지위나 부류를 가리키는 말이다. 급이 다르다는 의미다.

일류와 삼류를 어떻게 구분하는지 아는가? 일류 도공(陶工)과 삼류 도공의 차이가 무엇인지 보면 알 수 있다. 삼류 도공은 절대 자신의 도자기를 깨지 못한다. 만든 게 아까워서 그렇다. 그래서 그가 만든 도자기는 모두 싸구려다. 일류 도공은 1년에 단 하나의 작품을 만들기도 어렵다. 최상의 작품이 나올 때까지 모두 깨버리기 때문이다.

직장인이라면 삼류 행동을 피해야 한다. 유혹이 있더라도 참아내야 한다. 영업 사원은 영업 실적으로 승부한다. 실적만 좋으면 영업 사원만큼 편한 것도 없다. 그래서 실적을 위해 삼류 짓도 많이 한다. 주변에서의 유혹 또한 다른 부서에 비해 심하다. 영업 사원들이 주로 하는 삼류 행동을 보자.

첫째, 매출 실적 부풀리기다. 내 매출이 아닌 것도 나를 거쳐 가게 만들어서 실적으로 만든다. 이른바 '통과매출'이다. 회사는 남는 게 없다. 이 주머니에서 저 주머니로 그대로 옮기는 것이다. 오히려 간접비용만 추가된다. 심한 경우 저 주머니로 간 것에 약간의 상품을 얹어서 다시 내 주머니 실적으로 만드는 경우도 있다. 회사 차원에서 제도를 통해 막으려 하고 있지만, 완벽히 거르기는 쉽지 않다.

둘째, 법인카드(이하 법카) 남용이다. 법카는 회사 업무 차원에서 필요한 인원에게 지급된다. 그래서 회사 업무를 위해 사용하는 것이 원칙이다. 과장 시절 우리 사업부 막내가 내게 하소연을 하러 왔다.

"부장님 법카 정리를 제가 맡고 있는데, 도저히 화가 나서 못하겠습니다."

이유인즉, 카드가 주로 주말에 자택 근처에 있는 피자집과 치킨집에서 사용되더라는 것이다. 그런데 이걸 왜 자기가 처리해야 되냐고 물으러 왔던 것이다. 법카는 마약과 같다. 한번 맛들이면 그 유혹에서 벗어나기 힘들다. 법카는 당신이 언제 어디에 있었는지를 기록으로 보여준다. 카드 사용 내역만으로도 당신이 무엇을 하고 다니는지 회사가 들여다보고 있음을 알아야 한다. 비록 내게 주어진 예산일지라도, 정도를 지켜가며 쓸 줄 알아야 삼류 소리 안 듣는다.

'회사 돈인데 뭐.'

이따위 생각은 버려라.

완장을 찬 사람이나 갑질하는 사람은 자신이 집주인이 아님에도, 집주인 행세를 하려 드는 공통적인 특징이 있다. 남을 비난하고 험담하는 사람은 자신의 부족한 실력을 올리려 하지 않는다. 남을 끌어내리려는 데 혈안이 되어 있다. 회사 돈은 내 돈이 아니니, 마음대로 써도 괜찮다는 생각을 가진 사람들은 마음이 항상 빈곤하다.

사람은 관계적 동물이다. 어떤 관계에서는 갑이 되고 또 다른 관계에서는 을이 되기도 한다. 을로서 받은 대우가 서러워, 갑의 위치가 되었을 때 똑같이 한번 해보고 싶은 충동이 들 수도 있다. 완장을 차면 자신이 한없이 높은 줄 안다. 하지만 높은 곳에서의 추락은 부상도 크다. 높이 오를수록 몸을 낮추고 겸손할 줄 알아야 한다. 나보다 먼저 가는 사람 뒷덜미를 잡으려 하지 말라. 앞서가는 방법이 무엇인지 고민하는 게 맞다. 입장을 바꿔 한 번만 생각해보면 아는 일이다. 내가 싫은 건 남도 싫은 법이다. 그래서 3등은 괜찮아도 삼류는 안 된다.

Chapter 4

하는 일마다
인정받는 사람들의
8가지 비밀

1

그대, 준비된 간절함이 있는가?

'바람이 불지 않을 때 바람개비를 날리는 방법은 앞으로 달려 나가는 것이다.'

누구나 어릴 적 바람개비를 들고 날려보았을 것이다. 바람개비는 바람의 힘으로 돈다. 바람이 없으면 돌지 않는 것이 맞다. 그런데 우리는 바람이 없으면 한 손에 바람개비를 들고 마구 달려간다. 내가 달리는 속도로 바람개비를 돌게 만든다. 바람이 없을 때 그렇게 달리는 것을 너무도 당연하게 생각한다. 그렇게 해야 하는 줄로 알았으니까.

우리는 살면서 수많은 슬럼프를 겪는다. '슬럼프'는 주로 운동선수들 사이에서 사용되는 용어다. 슬럼프는 연습 과정에서 어느 기간 동안 연습 효과가 올라가지 않아 의욕이 저하되고 성적이 오르지 않

174

는 상태를 말한다. 직장에서도 슬럼프가 있다. 성과에 대한 불안함을 느낄 때, 자신의 노력이 주위의 기대에 미치지 못할까 봐, 그래서 자신이 상처입을까 하는 마음에 슬럼프가 찾아온다. 더더욱 일에 집중하지 못하고 방황한다.

영화 〈최종병기 활〉에서 남이(박해일분)가 바람에 맞서 활시위를 당기며 말한다. 바람은 계산하는 것이 아니라 극복하는 것이라고. 바람이 불지 않을 때 바람개비를 돌리는 것도 바람을 극복하는 것이다. 하지만 모든 게 극복의 대상인 것은 아니다. 슬럼프를 극복하려고 하면 할수록 더 슬럼프에 빠져든다. 원래 슬럼프는 노력하는 사람에게만 찾아온다. 그래서 슬럼프는 극복하는 것이 아니라, 견뎌내는 것이다. 누구에게나 찾아오는 감기 같은 것이라 여기고 참고 견뎌야 한다.

🎿 잘하는 한 가지에 몰입하라

슬럼프는 목표와의 갭이 클 때 주로 나타난다. 열심히 노력해도 실적 달성이 어려운 상황에 슬럼프까지 찾아오면 많은 경우 포기부터 한다. 이때 필요한 것이 몰입이다. '몰입'은 어떤 활동에 깊이 빠져 있을 때 느끼는 의식 상태를 의미한다. 몰입 상태가 되면 자신의 능력과 강점을 활용해 일에 최선을 다하게 된다. 이로써 다른 직원에 비해 열정적으로 변하고 높은 성과를 보인다.

몰입은 수많은 대안 중에 하나를 선택하고 나머지를 버리는 것이다. 잘하는 한 가지에 몰입해야 한다. 전문가들이 넘쳐나고 경쟁의 강도는 점점 심해지는 세상이다. 여러 능력을 고루 갖춘 제너럴리스트(Generalist)가 되는 걸로는 부족하다. 남보다 잘하는 한 가지에 집중하여 몰입하는 것이 필요하다. 현재는 MBN 이사로 재직 중인 전 MBC 김주하 아나운서. 그녀는 "자막을 보여주는 프롬프터(Prompter)에 의지하면 발전을 못 한다"는 당시 손석희 선배의 말에, 방송 직전 프롬프터를 끄고 뉴스를 진행했다. 이후 그녀는 주요 단어만 가지고 피나는 방송 연습을 했고, 현재 최고의 여성 앵커가 되었다.

영업 지원 담당 상무 시절, 대리점 영업권을 심사하고 승인하면서 담보를 제공받기도 했다. 대리점이 회수한 요금을 떼일 위험 때문이었다. 강원도에서 영업권을 신청한 대리점이 있었다. 현금으로는 담보가 힘들다며 자신이 소유한 야산의 소나무를 물적 담보로 제공하겠다고 했다. 고민 끝에 서류와 현장 실사를 마치고 승인을 해주었다. 5천만 원이나 되는 큰돈이었다.

몇 개월 후 일이 터졌다. 영업을 제대로 하지 못한 대리점 사장이 고객의 요금을 회사에 입금하지 않고 직원 월급으로 준 것이다. 대리점을 찾아갔다. 대리점 사장은 영업을 해서 갚을 테니 기다려달라고 했다. 본사로 돌아와 본부장과 사장에게 상황 보고를 했다. 소나무 유치권 설정을 해놓았으니 일주일만 지켜보고 조치하겠노라 말했다.

일주일 후, 다시 찾아간 대리점은 아예 문을 닫아버리고 연락도 두절되었다. 강원지점장에게 연락해 새끼줄을 구해 오라고 했다. 소나무를 빙 둘러가며 새끼줄을 쳤다. 회사 자산이니 함부로 손대거나 훼손하지 말라는 경고장도 여기저기 붙였다. 강원지점 근무 직원에게는 지나는 길에 수시로 소나무 상태를 확인하라고 일러두었다. 총무팀에는 조경업자를 수배해서 가장 빠른 시일에 처분하라고 요청했다. 본사로 돌아와 곧장 사장에게 보고했다. 좀처럼 임원들과 저녁 자리를 함께하지 않는 사장과 그날 저녁 같이 식사를 했다.

사고는 발생할 수 있다. 예방과 조치를 제대로 하고 재발 방지를 막는 것이 더 중요하다. 사고를 대비해 사전 준비를 철저히 하고, 사고가 확대되지 않도록 신속히 조치해 별 탈 없이 지나갔다. 제대로 일하고 성과를 내야 한다는 간절함이, 사고가 발생하자 오히려 일을 제대로 하고 있다는 평가를 받도록 만드는 기회가 된 것이다.

〰️ 궁하면 통한다

'나 스무 살 적에 하루를 견디고 불안한 잠자리에 누울 때면 내일 뭐 하지 내일 뭐 하지 걱정을 했지. (중략) 그러던 어느 날 내 맘에 찾아온 작지만 놀라운 깨달음이 내일 뭘 할지 내일 뭘 할지 꿈꾸게 했지. 사실은 한 번도 미친 듯 그렇게 달려든 적이 없었다는 것을 생각해봤지. 일으켜 세웠지, 내 자신을. 말하는 대로 말하는 대로 될 수 있단 걸 눈으로 본 순간 믿어보기로 했지. 마음먹은 대로 생각한 대로 할 수 있단 걸 알게 된 순간 고갤 끄덕였지.(후략)'

이는 2011년 MBC 〈무한도전〉 서해안고속도로가요제에서 유재석과 이적이 부른 '말하는 대로'의 가사 일부다. 한 번도 미친 듯 그렇게 달려든 적이 없었기에, 내 마음속에서 말하는 대로 최선을 다하라고 한다.

혜민 스님도 《완벽하지 않은 것들에 대한 사랑》에서 다음과 같이 적고 있다.

'당신은 스스로를 감동시킬 만큼 어떤 일에 최선을 다해본 적이 있었던가? 다른 사람은 몰라도 자신은 안다. 정말로 최선을 다했는지. 그러면 눈물이 난다. 나도 모르게……'

간절함은 현실이 아닌 꿈이다. 꿈에 열광하는 것이다. 매일 꿈꾸는 자의 꿈은 이미 현실이다. 자신이 원하는 것에 대한 명확한 이유를 가져라. 간절히 원하는 마음으로 스스로를 감동시킬 만큼 최선을 다하라. 쉽게 이룰 수 있는 꿈은 꿈이 아니다.

'궁즉통(窮卽通).'

이는 절박하면 통한다는 말이다. 주역에 나오는 말로, '궁즉변 변즉통(窮卽變 變卽通)'을 줄여서 표현한 것이다.

부장 시절 그룹에서 시행하는 극기훈련에 참가했다. 창원 L전자 공장에서 일주일간 온갖 어려움을 극복하는 훈련이었다. 가장 밑바닥까지 내려가면 무슨 일이든 가능하다는 생각으로, 그룹 차원에서 지속적으로 시행한 교육이었다. 마지막 날에는 주어진 미션을 수행하면서 밤샘 행군을 한다. 도착 지점 근처 개울에서 맨손으로 물고기를 잡는 팀 미션이 주어졌다. 깜깜한 밤중에 아무런 도구도 없이 물고기를 잡는 미션은, 다양한 인간의 모습을 보여주기에 충분했다. 옷이 다 젖는 줄도 모르고 열심히 잡는 사람도 있고, 잰걸음으로 동료에게 고기를 몰고 가는 사람도 있었다. 반면, '누군가는 잡겠지' 하며 물에 손도 안 담그는 사람도 있었다. 어디서 구했는지 찢어진 그물로 먼저 물고기를 잡은 팀은, 다른 팀이 사용하지 못하게 그물을 벼랑 아래로 던져버리기도 했다. 내가 왜 이 짓을 하고 있는지 도무지 이해가 안 되었다. 하지만 나는 여전히 두 시간 넘게 물에서 헤매고 있었다. 11월 초 야산의 밤공기는 너무 차가웠다. 우리 팀만 남았다. 다급해진 나는 물가 수풀 쪽으로 계속 손바닥을 오므렸다 폈다를 반복했다. 오 마이 갓! 약손가락과 새끼손가락 사이에 피라미 한 마리가 잡혔다. 간절히 원하고 거기에 몰입하면, 뭐라도 되긴 된다는 사실을 깨닫는 순간이었다. 도착지까지 살려 가는 게 미션이었다. 길가에 뒹구는 비닐을 모자에 깔고 물을 담고 달렸다. 눈이 시린 건지, 눈물이 나는 건지 분간이 안 되었다.

"지금보다 절실한 나중이란 없다. 나중이란 영원히 오지 않을 수도 있기 때문이다. 눈앞에 와 있는 지금이 아닌 행여 안 올지도 모를 다음 기회를 얘기하기엔 삶은 그리 길지 않다."

드라마 〈응답하라 1997〉에 나오는 내레이션이다. 당신의 삶에서 가장 절실한 것은 '지금'이다. 이 순간이 지나면 다시 오지 않을 지금, 현실에 안주한 채 변화를 두려워해서는 안 된다.

병아리의 생명을 보호해주던 껍질도, 시간이 지나면 극복해야 할 대상이 된다. 부모도 회사도 선배도 언젠가 떠나야 할 대상이다. 가장 견고한 껍질은 자기 자신이다. 지금 자신의 껍질을 깨고 나오는 순간을 간절한 마음으로 준비하라. 당신이 바라는 것에 몰입하라. 그러면 반드시 당신의 소유가 될 것이다.

2

위기를 기회로 활용하라

제대를 한 달여 앞두고 취업 면접을 볼 때였다. 특전사에서 근무하고 결혼까지 한 채 지원한 내게 면접관들은 많은 관심을 보였다.

"군인 신분으로 결혼까지 했는데 그 월급으로 생활이 됩니까?"

"아내도 직장에 다닙니다. 저 땜에 고생이 많은데 입사하게 되면 더 잘해주겠습니다."

"아내에게 고마움을 많이 느끼는 거 같은데 아내 자랑 좀 해볼래요?"

맨 오른쪽에 앉아 있던 면접관의 돌발 질문이 훅 들어왔다. 면접실에 들어올 때부터 표정이 별로 안 좋았다. 나를 당황하게 만들려는 속셈이 느껴졌다.

"무지 이쁩니다. 제가 입사하게 되면 저희 집에 한번 놀러 오십시

오. 깜짝 놀라실 겁니다."

돌이켜 생각해보면 말도 안 되는 답변이었다. 면접관들의 실소에 점점 침이 말랐다.

"그럼 이번엔 아내 자랑을 영어로 한번 해볼래요."

확실한 한 방이었다. 원래 잘하는 영어도 아니었지만, 3년간 군에 있으면서 완전히 담쌓은 영어였다. 머릿속이 하얘지는 느낌이었다.

'She is pretty…… She is pretty…….'

한 문장만 계속 머릿속에 맴돌았다. 질문한 면접관의 비웃는 모습이 보였다. '어차피 끝이구나' 하는 생각에 나도 모르게 답했다.

"옛부터 아내 자랑은 팔불출이라고 했습니다. 우리말로 자랑한 것도 모자라 영어로까지 자랑하는 것은 두 번씩이나 팔불출 짓을 하는 건데 그건 아닌 것 같습니다. 다음에 기회가 되면 말씀드리겠습니다."

잠시 면접장에 적막이 흘렀다.

짝, 짝, 짝! 가운데 앉아서 온화한 미소로 나를 지켜보던 면접책임자가 박수를 쳤다. 그러자 양옆에 앉은 면접관도 따라서 박수를 쳤다. 내게 질문한 면접관도 썩은 표정으로 따라서 박수를 쳤다.

"임기응변이 대단한 친구일세. 엄청난 강점을 가졌어, 하하하!"

입사 후 인사팀 대리에게 들었다, 내가 면접에서 최고점수를 받았다고. 당연히 내가 배속된 부서는 면접책임자가 실장으로 있는 기획조정실이었다.

🏃 위기와 기회는 같이 온다

직장생활을 하다 보면 누구나 위기와 조우하게 마련이다. 위기는 불안과 두려움을 느끼게 한다. 하지만 한편으로 사람을 단단하고 강하게 만든다. 위기를 극복하려는 의지를 가진 사람은 오히려 더 강해지고 새로운 기회를 만들어가기도 한다.

10여 권의 책을 출간하고 베스트셀러 작가로 알려진 K 부장의 이야기다.

그는 명문대 출신에 역량도 있고 성과도 좋았다. 그런데 어느 해 승진에서 탈락했다. 당시 상사였던 상무의 피드백은 이랬다.

"당신은 말을 좀 잘할 필요가 있어."

농담도 잘하고 활달한 성격의 K 부장은 심한 충격과 좌절에 빠졌다. 하지만 곧바로 비즈니스 대화를 공부하고 글쓰기도 연습했다. 노력은 배신하지 않는다고 했다. 그는 얼마 후 직장에서의 대화에 관한 책을 출간했다. 지금은 출판사에서 먼저 원고를 의뢰하는 유명 작가로 자리매김하였다. 강의 요청이 쇄도해 정중히 사양할 정도다. 본인에게 닥친 시련을 멋지게 극복한 K 부장에게 박수를 보낸다.

위기는 기회라는 이름으로 동시에 찾아온다. 위기는 누구에게나 온다. 하지만 기회는 준비된 자에게만 온다. 위기를 벗어났다 해도 기회로 연결되지 못하면 의미가 반감된다. 카이로스라 불리는 기회의 신은 발에 날개가 달려 있어 너무도 빨리 지나가버린다. 게다가 앞머리가 무성해 다가올 때는 기회인지 알아보기 힘들다. 하지만 뒤쪽 머리가 없으므로 지나기 전에 재빨리 잡지 않으면 놓치고 만다.

행운은 준비가 기회를 만날 때 온다는 사실을 기억하라.

이란에 있는 테헤란 왕궁의 유리장식은 미세한 유리 조각들을 붙여 만들어 빛의 밝기와 방향에 따라 각양각색의 빛을 발하기로 유명하다. 왕궁 내부를 장식하고자 대형 유리를 프랑스에 주문했으나 운반 도중 산산조각이 나버렸다. 다시 주문할 수도 없어 난감한 상황에 깨진 유리 조각을 붙여 만들어보자고 견습공이 제안했다. 견습공은 자투리 천 조각을 붙여 옷을 만드는 양복점 출신이었다. 그의 준비된 경험이 위기의 순간 빛을 발한 것이다.

위기를 기회로 만들기 위해서는 지켜야 할 몇 가지 원칙이 있다.

첫째, 순간을 모면하려 하지 마라. 때때로 하는 거짓말 때문에 합리화와 핑계가 많아진다. 결국 신뢰를 무너뜨리고 더 큰 위기로 만든다. 있는 그대로 냉정하게 위기를 봐야 한다.

둘째, 문제점을 찾아라. 자신이 가고 있는 방향이 맞는지, 위기의 원인은 무엇인지 잘 살펴보라. 생각보다 바닥은 깊지 않을 수 있다. 위기 앞에서 잠시 주춤할 수는 있지만, 멈춰버리거나 주저앉아버리면 영원히 벗어날 수 없게 된다.

셋째, 지속적으로 실행하고 노력하라. 단기간에 위기를 극복할 수도 있지만 상황에 따라 길어질 수도 있다. 절대 포기하지 말고 벗어날 때까지 실행하고 또 실행하라.

🏃 어차피 레이스는 길다

사장실에서 찾는다는 연락이 왔다. 바람을 가르며 뛰어 올라갔다.

"사장님! 이 상무입니다. 찾으셨습니까?"

"그래, 이 상무! 요즘 잘하고 있지?"

"예, 사장님! 올해는 물론 내년 준비도 열심히 하고 있습니다."

"내년에 이 상무가 영업지원 조직을 맡아줘야겠어. 인터넷전화는 대리점 중심으로 영업해야 하는데 이 상무만 한 적임자가 없네!"

오 마이 갓! 다음 해 나는 꽃길을 벗어나 흙탕길로 들어가고 있었다. 몇 달을 정신없이 지냈지만 결국 일이 터졌다. 통화가 발생하지 않는 '제로콜(Zero Call)'이었다. 인터넷전화는 일반 전화보다 기본료가 훨씬 저렴하다. 개통을 하고 전화를 이용하지 않으면 값싼 기본료만 내면 되는 구조다. 대리점들은 전화를 개통해주고 몇만 원의 대가를 받았다. 그런데 한 집에 수백 회선을 무더기 편법으로 개통하고 수수료를 챙겨갔다. 통화는 발생하지 않으니 회사는 적자였다. 불법은 아니기에 회사로서는 별다른 대책이 없었다. 사장 주재 대책회의가 잡히자 회의 전날 잠이 오지 않았다.

아침 일찍 출근하면서도 머릿속엔 온통 제로콜 생각뿐이었다. 끼이이익! 급브레이크를 밟았다. 심장이 내려앉는 줄 알았다. 눈앞에 큼지막하게 '제로쿨 투어'라고 쓴 관광버스가 지나가는 것 아닌가. 자라 보고 놀란 가슴 솥뚜껑 보고 놀란다고 내가 그 꼴이었다. 겨우 출근해 회의에 참석했다. 모두 비장한 모습이었다. 현황 보고가 끝나자 사장의 질문이 이어졌다.

"상황이 생각보다 심각하군. 이 상무! 어떻게 해결할 텐가? 무슨 대책이라도 있는가?"

예상한 질문이었지만 앞이 캄캄했다. 대리점으로 하여금 영업을 못 하게 하는 것 말고는 별다른 대책이 없었기 때문이다. 그렇다고 진짜 영업을 못 하게 할 수는 없는 노릇이었다.

"사장님! 제가 오늘 출근길에 사고가 날 뻔했습니다."

"왜? 무슨 일이 있었는데?"

"밤새 제로콜 대책을 고민하다 출근하는데, 눈앞에 제로쿨 투어라고 쓴 버스가 지나가는 것 아니겠습니까? 너무 놀라서 제가 급정거를 하는 바람에 그만……."

"으하하하하하하하하하!"

사장님의 그런 웃음소리는 처음 들었다.

"됐다. 담당 상무가 그 정도로 고민하고 있다면 곧 좋은 대책이 나오겠지. 오늘 회의는 이걸로 끝냅시다."

사장님도 뾰족한 대책이 없다는 걸 알고 있었다. 담당 임원이 고민을 많이 하고 있으니, 독촉하기보다는 믿고 맡기자는 생각이었으리라. 아무튼 나는 위기를 잘 넘겼다. 맡은 업무에 충실하고 있다는 신뢰를 얻은 건 덤이었다. '하늘은 스스로 돕는 자를 돕는다'는 격언이 맞다고 생각했다.

위기는 누구에게나 온다. 어떻게 위기 대처를 하느냐가 미래를 좌우한다. 위기 극복과 더불어 새로운 기회로 만들어가기 위해서는 그 위기를 정확히 인식하고 냉정히 대처해 나아가야 한다. 위기 뒤에 같이 오는 기회를 맞을 준비를 해야 하는 것이다. 위기라고 생각되면 '새옹지마'를 기억하자. 승부는 끝까지 가봐야 알 수 있다. 일희일비(一喜一悲)하지도 말자. 어차피 레이스는 길다.

3

상사와 밥만 잘 먹어도
일이 반으로 준다

"'회사 간다'라는 건 내 '상사'를 만나러 가는 거죠. 상사가 곧 회사죠. 상사가 좋으면 회사가 천국! 상사가 엿 같으면 회사가 지옥!"

"매뉴얼보다 중요한 건 사람이죠. 상사로 누굴 만나느냐."

이는 《미생》 8권 127수에서 딱풀이 장그래에게 한 말들이다. 상사는 회사를 대신해 내게 업무를 지시하고 나를 평가한다. 상사는 나를 화나게 하고 아주 가끔은 웃게도 한다. 상사는 내 직장생활의 성패를 좌우하는 최대 변수다. 좋은 상사를 만나는 건 복이다. 상사를 통해 배우고 성장해야 하기 때문이다. 하지만 상사는 어렵다. 상사와의 대화는 그래서 힘들다. 상사와 대화를 잘하는 사람은 도대체 어떻게 하는 것일까?

첫째, 묻는 말에 정확히 대답한다. 묻는 말에만 대답한다는 의미가 아니다. 묻는 내용을 정확히 파악하고 답을 해야 한다는 뜻이다. 엉뚱한 답변이란 "전년 대비 성장률은 얼마인가?" 하는 질문에 "백 퍼센트 달성입니다"라고 답변하는 경우다. 상사에 질문에 집중하지 못했거나, 자신이 잘한 일만 내세우고 싶을 때 이런 현상이 자주 일어난다. 여러 번 반복되어 상사의 뇌리에 박히면 같이 일하기 힘들어진다. 상사의 인내심을 굳이 테스트하지 말기 바란다. "전년 대비 오 퍼센트 포인트 성장입니다. 목표 달성율은 백 퍼센트입니다" 하는 식으로 묻는 말에 정확히 답하라.

둘째, 결론부터 말한다. 서론이 길면 지루하다. 추가로 물으면 그때 답하면 된다.

셋째, 숫자와 근거를 댄다. "성공적입니다", "작년 수준입니다" 하는 식으로 상사가 머리를 굴려 판단해야 하는 표현은 삼가라. 조직은 숫자다. 질문에 숫자가 있다면 무조건 숫자로 답하는 게 답이다. "경제연구원에서 발표한 자료에 따르면" 하는 방식으로 근거를 인용하면 신뢰도를 높인다. 혹시 틀려도 경제연구원까지 가서 따질 상사는 없다.

넷째, 모르는 건 모른다고 한다. "확인하고 말씀드리겠습니다"가 확신 없는 "십 퍼센트였던 것 같습니다"보다 백배 낫다.

다섯째, 늘 감사한다. 대화 후 자리에서 일어나면서 "감사합니다"라고 외쳐라. 자신에게 시간을 내준 데 대한 감사와 이야기를 들어준 것에 감사하라. 왜냐하면 당신은 상사와의 대화를 통해 오늘도 무언가를 배우고 느꼈기 때문이다. 설령 깨지고 왔어도 깨지는 법을 배운 거다.

🏃 식구가 되라

상사와 밥 먹기 좋아하는 직원은 많지 않다. 상사와 같이 있는 자체가 불편하다. 가급적 마주하기도 싫다. 밥이라도 편히 먹고 싶은 직원의 심정을 이해 못 하는 바는 아니다.

영업지원 조직을 담당하게 되었다. 영업본부장인 Y 부사장을 보좌해 전국 영업조직의 실적을 관리하고 대리점 업무를 총괄하는 상무였다. Y 부사장은 CFO 출신의 깐깐한 원칙주의자였다. 영업 부서를 처음 맡은 그는 모든 일을 객관적 자료로 확인하고자 했다. 내가 맡은 조직의 팀장들은 매일같이 보고자료를 작성하느라 야근은 선택이 아닌 필수였다. 미래를 보는 기획과 전략은 없고, 과거에 행해진 실적 분석과 평가 자료들뿐이었다. Y 부사장은 일단 의심하는 습성이 몸에 배어 있었다. 새로 보임된 내가 일을 제대로 하는지, 농땡이를 치는지 수시로 확인하고 갔다. 숨이 막힐 지경이었다.

그보다 더 큰 고민은 점심이었다. 외부 약속이 없는 부사장은 함께 식사할 사람이 필요했다. 영업을 담당하는 임원들은 '고객과의 약속'을 핑계 삼아 점심엔 늘 자리를 비웠다. 부사장 비서가 점심을 같이할 수 있냐고 연락이라도 하면, 없는 약속도 만들어 나갔다. 결국 내가 부사장의 붙박이 점심 당번이 되었다. 매일 11시 50분이 되면 부사장실로 가서 외쳤다.

"부사장님, 식사하시죠!"

늘 구내식당에서만 식사를 했다. 두 사람 옆에는 아무도 앉으려 하지 않았기에 8명이 앉는 테이블엔 언제나 부사장과 나 둘뿐이었다. 대화도 없이 매일같이 부사장과 둘이 식사를 했다. 나를 바라보는 직원들의 눈빛에는 '이 상무, 참 안됐다!'가 고스란히 드러나는 것 같았다. 부사장의 외부 약속이 있는 한 달에 한두 번을 제외하고 2년을 그렇게 밥을 먹었다. 내가 외부에서 점심 식사를 하는 날은 부사장의 약속이 있는 날뿐이었다.

어느 날, 나는 마음을 고쳐먹었다. 어차피 먹어야 할 점심이기에 마지못해 먹는 점심이 아니라 이건 내 일이고 즐거운 점심이라고 계속 주문을 외웠다. 나중에 알았다. 28년간 대기업에서 생활해온 부사장 눈에, 내가 즐거운 마음인지 억지 춘향으로 앉아 있는 건지 훤히 보였다는 사실을 말이다. 결국 부사장도 마음을 열었다. 5개월만이었다.

닫혀 있던 마음이 열리자 입도 열렸다. 두 사람 사이에 대화가 시작되었다. 처음엔 주로 업무만 얘기하다가 나중엔 자녀교육, 집값 등 사적인 대화도 나눴다. 서로에게 믿음도 느껴지기 시작했다. '신뢰는 두 사람이 함께한 시간과 비례한다'라는 생각마저 들었다. 재미있는 건 신뢰가 쌓일수록 업무는 줄어들었다는 사실이다. '보고 자료의 90%는 상사의 호기심 해소용이다'라는 게 평소 나의 믿음이다. 그래서 일상적인 소소한 일들은 점심 식사 때 구두로 보고했다. 지시하는 검토나 분석이 크게 의미 없는 결과가 나올 것이라 판단되

면, 식사 중에 조용히 처리했다.

"자료는 검토 중입니다. 부사장님! 지금까지 내용으로 보면 작년과 동일한 오 퍼센트 수준입니다. 내일 CEO 보고 건부터 처리하고, 주말에 작업해서 월요일 아침 일찍 보고드리겠습니다."

"그래? 그럼 됐어."

보고서가 절반 이상 줄어들었다. 누구보다도 직원들이 기뻐했다. 나는 상사와 밥만 잘 먹었을 뿐인데 말이다.

상사와 밥을 자주 먹어라. 밥을 자주 먹어야 가까워진다. 신뢰가 생긴다. '식구(食口)'의 사전적 의미는 한 집에서 함께 살면서 끼니를 같이하는 사람이다. 가족이다. 한 직장에서 함께 일하면서 점심을 같이하는 사람 역시 식구라는 게 내 생각이다.

🔖 아무것도 아닌 일이 아무것이 된다

상사가 힘든 건 내 목줄을 쥐고 있기 때문이다. 그래서 힘들고 더러워도 참는다. 마음에 없는 사탕발림도 한다. 그 사람은 인정하지 못해도 그 자리는 인정해야 하기 때문이다. 강한 상사가 일을 잘되게 할 힘이 있는 건 사실이다. 못난 상사도 안 되게 할 힘은 가지고 있다. 상사를 과대평가하는 건 괜찮을 수 있다. 하지만 폄하와 비난의 대가는 상상보다 혹독할 수 있다.

'관리자로서 상사를 다루는 일이 얼마나 중요한가를 깨닫기는커녕, 상사를 다룰 수 있다는 가능성 자체를 믿는 사람조차 거의 없는 듯하다. 많은 사람이 상사의 일에 투덜대지만 상사가 남자이건 여자이건 그를 다루려고 애쓰지 않는다. 하지만 우두머리 상사를 다루는 일은 꽤 간단하다. 사실, 부하를 다루는 일보다 더 간단하다. 해야 할 준수 사항 몇 가지가 있을 뿐이고 금기 사항은 그보다 수가 적다.'

이는 현대 경영의 창시자로 불리는 피터 드러커의 상사관리에 대한 생각이다.

직장생활을 하다 보면 남이 떡이 커 보인다고, 다른 부서 상사는 꽤 근사하고 멋지다. 의사결정도 빠르고 일관성도 있다. 직원을 존중하는 것처럼도 보인다. 저런 상사와 근무하면 직장생활이 행복할 수도 있겠다는 생각마저 든다. '푸른초원증후군'을 아는가? 운전하면서 멀리 보이는 잔디밭은 눕고 싶을 정도로 푸르고 싱싱하게 보인다. 하지만 막상 가까이 가보면 듬성듬성 풀도 빠져 있다. 누렇게 바랜 부분도 눈에 띈다. 이처럼 다른 부서 다른 상사도 멀리서 보니까 괜찮아 보이는 거다. 같이 일해보면 도토리 키 재기, 도긴개긴이다.

지금 상사를 피해 달아날 수 없다면 상사와 친해져라. 일단 밥부터 자주 먹어라. 마음을 열고 진심으로 다가가라. 상사도 사람이다. 무장해제하고 다가오는 부하를 뿌리칠 못난 상사는 없다. 상사 역시 부하 없이는 아무것도 할 수 없음을 스스로 잘 알고 있기 때문이다. 밥 먹는 일은 어찌 보면 아무것도 아닌 일이다. 아무것도 아닌 일이 결국 아무것이 된다. 그게 직장이고 그게 사람 사는 세상이다.

좋은 상사를 선택할 수는 없다. 하지만 상사와의 관계를 어떻게 만들어갈지는 자신이 선택할 수 있다. 상사의 어떤 특정한 태도 때문에 현재 당신의 마음이 불편한가? 그렇다면 그것은 상사가 아닌, 당신의 마음부터 변화해야 한다. '자기 마음'이 문제다.

4

때론 이기적인 사람이 되라

직장생활을 하면서 자의든 타의든 다양한 책을 접하게 된다. 팀장 시절, 리더십 강사의 강력 추천으로 《몽키 비즈니스》라는 책을 읽었다. 지금도 기회 있을 때마다 후배들에게 내용을 전하고 있는 책이다. 여기서 '몽키(원숭이)'는 업무다. 상사는 절대 원숭이를 돌봐서는 안 된다. 원숭이는 직원에게 넘기고, 상사는 잘 키우는지 수시로 확인하고 점검해야 한다는 게 주 메시지다.

"좀 생각해보고 알려줄게."

"그 건에 관해서 자료 좀 보내줘."

마감 기한이 임박하거나 직원의 업무 처리가 마음에 들지 않을 때, 답답한 마음에 상사가 자주 하는 말이다. 의사결정력이 부족한 상사도 이런 말을 자주 한다. 이럴 경우 업무는 상사의 몫이 된다. 직원이 해야 할 일, 즉 원숭이를 상사가 떠안는 것이다. 직원은 상사의 판단과 결정을 기다리기만 하면 된다. 직원은 원숭이 돌보는 일을 더 이상 고민할 필요가 없어진다. 상사가 여러 마리 원숭이를 붙잡고 혼자 씨름하는 현상이 발생하는 것이다.

원래 상사는 원숭이 사료값이 오르는지, 한파 여파로 원숭이 사육이 문제가 되는지와 같은 외부 요인을 살펴야 한다. 내부적으로 원숭이만 돌보고 있으면, 조직은 고립되거나 성장을 멈춘다. 원숭이를 직원에게 넘겨라. 그리고 확인하고 점검하라. 그래야 매일같이 쏟아지는 일에 치이지 않고 제대로 된 결과를 만들어낼 수 있다. 상사의 행동이 위임을 낳고 직원의 업무 처리 능력을 향상시킬 수 있다.

《그럴 때 있으시죠?》의 저자 김제동은 사랑하는 연인에게 고백하지 못하고 고민하는 사람에게 이렇게 조언한다.

"고백하면 고민은 상대방 것이 된다는 겁니다. 고백하지 않으면 고민은 내 거예요. 내 고민을 상대방에게 주고 나는 내 일에 충실하자는 거예요."

얼마나 이기적인가? 그리고 얼마나 명쾌한가? 더 이상 끌어안고 고민하지 말고 상대에게 넘겨라.

착하게 굴지 마라

M 대리가 면담을 요청했다. 주변에서 자신을 너무 우습게 본다고 하소연했다. M 대리는 중견 IT 업체에서 경력으로 입사했다. 기존

직원들과 잘 지내보려고 먼저 다가가서 차도 마시고, 업무적인 부탁도 웬만하면 들어주려고 노력했단다. 얼마 지나면 괜찮겠지 했던 자신의 생각과 달리, 지금은 대놓고 잡일을 부탁처럼 시키고 심지어 보증까지도 요구한다는 것이다. 왕따라도 당할까 봐 거절하기도 힘들고 그렇다고 계속 들어줄 수도 없어, 고민 끝에 내게 상담을 하러 온 것이다.

부탁을 거절하는 일은 정말 어렵다. 부탁한 상대방이 기분 나쁠까 봐 두려워 부담을 자기가 떠안고 끙끙댄다. 참 바보 같은 짓이다. M 대리에게 내가 하는 거절 방법을 알려줬다.

첫째, 바로 답을 하지 말라. 생각해보겠다고 하고 시간을 확보하라. 즉각적 거절은 어떤 상대방이라도 기분이 좋을 리 없다.

둘째, 거절하는 솔직한 이유를 얘기하라. 둘러대거나 변명하면 안된다. 상대방도 변명인지 아닌지는 금방 안다.

셋째, 그래도 계속 부탁하면 거절의 태도를 확실히 하라. 기분이 안 좋더라도 태도는 공손해야 한다. 부탁하는 상대방이 상사일지라도 아닌 건 아닌 거다. 상사와의 관계가 안 좋아질까 봐 두려워하지 마라. 당신에게 그런 부탁을 하는 상사라면, 상사의 자질이 부족한 사람임이 틀림없다. 그리 오래가지 못한다고 봐도 무방하다.

처음엔 쉽지 않겠지만 거절도 연습해야 한다. 무슨 일이든 상대방이 있는 일은 쉬운 게 없다는 사실, 언제나 진리다.

상대방에게 부탁을 자주 받는 사람의 특징은 착하다는 것이다. 마음이 착하고 여려서 거절하면 상대방이 상처 입을까 봐 염려해서 그렇다. '착하다'는 '쉽다'와 같은 뜻이다. 착한 사람은 곧 쉬운 사람이다. 만만하게 보고 잡아먹으려 덤빈다. 이용하려고 갖은 애를 쓴다.

착하게 굴지 마라. 직장에서 착한 건 아무짝에도 쓸모가 없다. 당장이라도 분리수거하라.

𝄪 자신이 중심이 되어야 한다

1997년의 IMF 외환위기는 많은 사람의 직장관(職場觀)을 바꿔놓기에 충분했다. 처음 회사가 평생직장인 줄 알던 사람들이 명퇴로 회사 밖으로 내몰렸다. 더 이상 회사는 나의 청춘과 인생을 바칠 대상이 아니었다.

1998년 상반기에 내가 몸담은 회사에서도 명예퇴직을 시행했다. 같은 부에 있던 두 명의 선배 과장이 명퇴를 신청했다. 분위기도 뒤숭숭하고 내게 일이 집중되어 힘든 1년을 보냈다. 처음으로 이직을 고민했을 정도다. 그때 인사팀에서 '차세대 리더과정'이라는 교육을 권했다. 회사가 역량 있다고 판단하는 과장급 대상으로 차기 리더로 육성하는 프로그램이었다. 때마침 외부기관에서 석사학위 프로그램 참가 요청이 있었다. 부장급이 대상이었다. 본부장실로 달려갔다. 외부 교육을 보내달라고 매달렸다. 인사팀장도 찾아가 요청했다. 비용도 비슷했다.

결국 부장 2명과 함께 내가 참가하게 되었다. 주말에만 12시간씩 수업을 했다. 이듬해 어린이날 연휴가 3일이었다. 미국에서 교수가 온다고 3일 내내 8시간씩 수업을 했다. 막내가 다니는 유치원에서 어린이날 체육대회를 했다. '아빠와 함께 달리기'는 엄마가 대신했다. 자기 혼자만 엄마였다고 그날 아내는 서럽게 울었다. 나는 회사에서 6개월 동안 업무를 떠나 편하게 받는 교육이 아니라, 외부에서 주말과 가정을 희생하며 힘들게 하는 교육을 선택했다. 석사학위를 인정하는 프로그램이라는 게 선택의 이유였다. 회사 내부 인정보다는 외부에서 인정하는 학위를 선택했던 것이다. 이기적인 행동이라 욕할 수도 있지만, 당시 내 선택에 후회는 없다.

회사에 손해를 끼치는 일이 아니라면, 적극적으로 자신의 권리를 찾고 누려야 한다. 남의 눈이나 비판을 의식할 필요는 없다. 자신의 행동에 대해 정당화하는 것은 본능이다. 모든 근거를 동원해 자신의 변론에 힘쓴다. 셀프 변호사다. 남의 일에 대해서는 엄격한 잣대를 들이댄다. 밀리미터까지 잰다. 사실과 추정을 섞어 낱낱이 파헤친다. 심할 경우 여기저기 뒷담화도 한다. 이번엔 검사나 판사로 역할이 바뀐다. 전형적인 '내로남불(내가 하면 로맨스, 남이 하면 불륜)'이다. 정도의 차이만 있을 뿐이다.

이와 맥을 같이하는 이용대 선수 인터뷰가 《최후의 몰입》에 실려 있다.

"자기중심적인 선수가 왜 잘하는지 아세요? 그렇지 않으면 도태되니까요. 최고의 자리는 딱 하나뿐입니다. 그 자리를 위해 수천 명과 경쟁해야 해요. 자기만 생각하는 건 당연한 거죠."

경쟁사회에서는 자기가 중심이 되어야 한다. 주연이 되어야 한다는 말이다. 자신이 주목받지 못하는 삶은 늘 조연이고 엑스트라일 뿐이다. 성공하고 싶다면 배역을 잘 선택해야 한다. 결과는 차원이 다르다.

PT(Presentation) 대가로 정평이 나 있는 K 부사장을 상사로 모시게 되었다. 몇 차례 지켜본 K 부사장의 PT는 지금까지 내가 봐온 것과는 차원이 달랐다. PT할 때 많은 사람은 화면에 띄운 자료에 집중하게 된다. 반면, 아는 내용이거나 평이한 사실을 보여줄 때는 딴생각을 하거나 집중하지 않는다. K 부사장은 화면이 아니라 자신이 관심의 대상이 되게 만든다. 궁금증을 유발하거나 핵심이 되는 단어 하나만 띄워놓고 참석자들의 이목을 모은다. 화면 속 내용들은 K 부사장의 입과 표정과 손짓에 집중하게 만드는 수단일 뿐이다. PT의 관심 대상은 내용이 아니라 발표자인 K 부사장으로 귀결된다. 끝나고 나면 사람들은 이렇게 말한다.

"K 부사장 PT는 대단했어!"

"오늘 PT 대단했어"가 아니다. 차이를 이해하겠는가.

생물학자 리처드 도킨스(Clinton Richard Dawkins)는 그의 저서《이기적 유전자》에서 종(種)의 이타적 행동이 결국은 종의 생존을 위한 이기적 행동이라고 주장한다. 외부의 공격을 받은 벌이 침을 쏘고 죽는 이타적 행동을 통해 나머지 벌들이 살아남는다. 이는 결국 꿀을 지키는 이기적 행동이라는 것이다.

이처럼 업무를 직원에게 넘기는 상사의 행동은 이기적인 것처럼 보인다. 실상은 적절한 위임과 안배를 통해 조직의 성과를 높이는 이타적 행동이다. 직원의 역량이 올라가는 것은 덤이다. 이기적인 사람은 경쟁심이 강하다. 자기주장이 강하고 남을 배려하는 마음도 부족하다. 이기적인 사람은 착하지 않다. 거절에도 능하다. 그래서 욕도 많이 먹는다. 그럼에도 가끔 이기적인 사람이 되라. 그리하여 당신도 가끔은 주인공이 되라.

5

따뜻함이 강인함을 이긴다

누구나 '나그네의 외투'를 한 번쯤 읽어봤을 것이다. 따뜻함과 강인함을 비교할 때 제일 먼저 떠오르는 우화다. 바람은 자기 힘만 믿고 계속 강경함을 고집하며 나그네에게 바람을 보낸다. 그럴수록 나그네는 외투를 벗지 않으려 움켜쥔다. 반면 해님은 온화한 미소와 함께 따듯한 햇볕으로 나그네 스스로가 외투를 벗도록 만든다. 경쟁을 위한 공정한 환경 조성 여부를 논하기 전에 해와 바람의 대결 승자는 해다.

강인함은 일을 해결하는 힘이다. 우리는 강인한 사람이 리더가 되길 바란다. 조직을 외부와 내부의 위협으로부터 지켜줄 것이라 믿기 때문이다. 축구계의 거장 퍼거슨 감독도《알렉스 퍼거슨 나의 이야기》를 통해 리더의 강인함을 강조한다.

'내가 절대 용납할 수 없는 것은 지휘권을 잃는 것이다. 지휘권이 나를 구할 유일한 수단이기 때문이다. 진정한 선수들은 통제되는 것을 좋아한다. 그들은 터프하거나 필요할 때 터프해질 수 있는 감독을 좋아한다.'

강인함은 자신의 의지를 세상에 드러내는 척도다. 의지는 실행하는 능력이다. 장애물과 두려움을 극복하고 성과를 내는 원천이다.

남자들은 어릴 적부터 무조건 강해야 한다고 배운다. 감정 표현은 말 그대로 여자애들이나 하는 짓으로 치부되었다. 남자의 눈물은 놀림의 대상이라고 배우며 성장했다. 정상인이면 필수인 군대에서도, 나약함과 따뜻함은 쓰레기통에서나 찾아야 한다. 나약한 이는 고문관으로 불리며 왕따를 당한다. 그렇게 직장인이 된다. 반면, 이런 강인함이 도를 넘으면 독선과 독재가 된다. 약자를 무시하고 권위적으로 변한다. 우리가 모시는 상사들에게 흔히 드러나는 모습이다.

따뜻함은 상대방의 관심과 걱정에 대해 공유하는 느낌을 갖게 만드는 힘이다. 잠시라도 상대방의 입장이 되어주는 것이다. 같은 편이라고 느낀다. 그래서 따뜻함은 자신과 비슷한 사람에게서 자주 발휘된다. 끼리끼리 어울린다는 '유유상종(類類相從)'은 근거 있는 말이다. 따뜻함은 부드러움과 통한다. '부드러운 카리스마'는 일정한 권위를 가진 사람에게서 나타나는 따뜻함이다. 인정받고 있다는 느낌이 들게 한다. 그래서 많은 직원이 존경하고 따른다.

강인함과 따뜻함 중에서 무엇을 선택해야 할까? 마키아밸리는 《군주론》에서 이렇게 말했다.

'두려움의 대상이 되는 편이 나을까 아니면 사랑을 받는 편이 나을까? 둘 다이면 좋겠지만, 한 사람이 이 두 가지를 얻기는 어렵다.'

조직이 처한 환경과 상황이 결정할 문제다.

🛝 작은 실수에 관대하라

아스퍼거증후군(Asperger Syndrome)은 남에 대해 전혀 이해하지 못하는 일종의 장애를 뜻하는 말이다. 이런 증상을 가진 이들은 남을 배려할 줄 모르고 나눌 줄 모른다. 자신에게는 한없이 관대하고 남들에게는 무자비한 모습을 보인다. 오직 목표와 결과에만 집중하고 타인을 도구로 여긴다.

배려는 공존의 법칙이다. 사람은 배려를 통해 상대방뿐만 아니라 자신을 지킨다. 조직은 경쟁이 아니라 배려로 유지된다. 그러나 남을 비방하고 모함하는 행위는 서로에게 상처를 준다. 내가 베푸는 배려는 언젠가 나에게 다시 돌아오는 부메랑과 같다.

대리 시절, 프랑스 베르사유에서 열리는 포럼에 회사 대표로 혼자 참가했다. 당연히 자료도 직접 작성하고, 발표도 직접 해야 했다. 자료는 한국에서 도움을 받아가며 완성했지만 문제는 발표였다. 원고를 써서 달달 외웠다. 중간에 삐끗하거나, 발표 뒤 나올 질문이 걱정이었다. 내 순서가 올 때까지 계속 긴장하고 있었다. 주최 측인 프랑스텔레콤(France Telecom)의 매니저 수잔이 진행을 맡았다. 그녀와는 그 전해에 필리핀에서 처음 인사를 나눈 사이였다. 외국은 매니저가 되려면 20년 가까이 근무를 해야 한다. 그런데 입사 5년 차 대리인 나의 영문 직함도 'manager'였다. 영어도 잘 못하고, 나이도 어려 보이는 내가 회사 대표로 참석한 게 이상하다는 표정이었다.

내 차례가 되어 연단으로 나갔다. 수백 명 앞에서 영어로 발표 하는 건 언제나 두렵다. 밤새 외운 대로 발표를 했다. 다행히 틀 리지 않고 무사히 마쳤다. 안도의 한숨을 내쉬는 순간, "I have a question" 하며 발음도 이상한 호주 텔스트라(Telstra)의 매니저가 손을 들었다. 올 것이 오고야 말았다. 질문을 제대로 알아듣기나 할 는지, 답변을 제대로 할 수 있을지 걱정이 밀려왔다. 그때였다. 구세 주 같은 수잔의 목소리가 들렸다.

"We don't have time. We'll skip the questions. Please ask him a question later(시간이 없습니다. 질문 시간을 건너뛰고요, 나중에 그에게 질문 하시기 바랍니다)."

내가 영어가 서툴다는 것을 알고 있는 수잔의 배려였다. 그날 저 녁, 프랑스텔레콤 주최 만찬이 파리 외곽의 고성에서 있었다. 영화 에서나 보던 유럽의 성은 정말 아름답고 웅장했다. 수잔이 호스트였 다. 내 자리는 호스트 테이블로 배정되었다. 간단한 대화를 주고받 으며 식사하는 중에 수잔이 내게 물었다. 지금 먹고 있는 스테이크 가 무슨 고기인지 아느냐는 것이었다. 양고기 같았다. 자신 있는 목 소리로 대답했다.

"It's sheep."

그땐 경험이 없어서 몰랐다. 먹는 고기를 뜻하는 단어는 다르다는 사실을. 양고기는 'sheep'이 아니라, 12개월 어린 양고기를 뜻하는 'lamb'으로 쓰는 줄 몰랐던 것이다. 사람들의 웃음이 터졌다. 왜 웃는지 몰라 당황한 내게 수잔의 배려가 또 이어졌다.

"You are good at jokes."

그녀는 농담도 잘한다는 말로 내 무지를 덮어주었다. 몇 년 후 수잔은 임원이 되었고, 나는 축하와 감사의 메시지를 함께 전했다.

따뜻함은 작은 실수에 관대한 것이다. 실수는 실패가 아니다. 실수를 두고 비웃고 조롱하면, 상대는 자신감을 잃게 되고 심지어 화도 낸다. 실수한 상대도 자신의 실수를 안다. 자기 스스로가 실수를 줄이고 제대로 일할 수 있도록, 작은 것은 그냥 넘어가도 괜찮다. 기억에서도 지워야 한다. 용서는 통 크게 하는 것이다.

〰 겉과 속이 늘 같지는 않다

같이 일했던 P 팀장에게서 시간 좀 내달라는 연락을 받았다. 오후 나른한 시간, 내 방으로 불렀다. 커피를 한 잔 마시며 P 팀장이 건넨 이야기는 이렇다.

현재 부서장으로 있는 H 상무가 사사건건 자신을 혼내고, 심지어 직원들 앞에서도 큰 소리로 야단을 친다는 것이다. 별것도 아닌 일로 트집을 잡는 건 예사라고 했다. 보고서도 오타 하나라도 있으면 처음부터 다시 작성해 오라고 한다는 것이다.

사실, H 상무는 회사 내에서 나랑 가장 가깝게 지내는 임원이었다. 가끔씩 만날 때면 P 팀장 칭찬을 입이 마르게 하고 다녔다. 내게 교육을 잘 받아서 그렇다며, 특별히 한 일도 없는 나까지 비행기를 태웠다. 그런데 P 팀장에게는 모질고 쌀쌀하게 대했던 것이다.

H 상무에게 이유를 물었다. 너무 잘해서 좋은 소리만 듣다 보니 혹시 겸손함을 잃을까 봐 일부러 그런다고 했다. 겉으론 엄하고 강한 상사인 것 같았지만, 그 속내는 부드럽고 따뜻한 배려를 담고 있었던 것이다. H 상무의 속내를 P 팀장에게 전했다. H 상무의 쓴소리와 엄한 태도가 자신을 위한 것임을 알게 된 P 팀장에게는, 6년근 홍삼보다 소중한 약이 되었다.

겉으로 드러난 행동과 말투만 보고 그 사람의 속내를 판단해서는 안 된다. 내 마음과 달리 표현이 서툴고 행동이 다듬어지지 않아서 그렇지, 사실 따뜻한 사람은 주위에 많이 있다. 만일 당신의 말투가 서툴다면 다듬고 고쳐라. 긍정과 의지를 담은 말을 자주 하라.

버락 오바마는 역대 미국 대통령 중 가장 세련되고 감동적인 연설을 하는 걸로 유명하다. 그의 연설에는 주로 'we', 'will'이 압도적으로 많이 사용된다고 한다. '우리 함께'라는 의미의 'we'와 '희망과 도전의 미래 표현인' 'will'을 반복적으로 즐겨 사용하는 것이다. 사실보다는 사람의 이야기를 통해 따뜻함을 전한다. 그래서 감동이 있고 울림이 있다.

반면, 도널드 트럼프는 어떤가? 오바마와는 달리 강인함으로 밀어붙인다. 현재를 위기 상황으로 진단하고 공포와 협박을 한다. 그어느 나라이든 한마디로 '까불면 혼난다'다.

상대방이 원하는 것을 충실하게 주다 보면 자연스럽게 돌아오는 대가가 성공이다. 성공은 경쟁자를 쓰러뜨리거나 누군가를 밟고 일어선다고 해서 얻어지는 것이 아니다. 성공 자체만을 목표로 달려가는 사람은 결코 성공할 수 없다. 경쟁력을 갖춘다는 것은 남과 경쟁해서 이기는 것이 아니다. 끊임없이 자신을 이겨내는 능력을 높인다는 뜻이다.

강인함은 능력이고 의지다. 따뜻함은 배려이고 결과다. 어쨌든 따뜻함은 강인함을 이긴다. 당신은 어떻게 따뜻함을 잃지 않으면서 강인함을 드러낼 것인가?

6

진심을 담아 간결하게 말하라

'대화'는 표현하는 것이다. 자신의 생각과 감정을 '말'로써 상대에게 전달하는 것이다. 대화는 관계를 만들고 유지한다. 대화를 통해 상대를 진심으로 이해할 수 있고, 문제를 해결할 수도 있다. 그래서 직장에서의 대화는 더욱 중요하다. 보고서, 표정, 태도도 일종의 대화다. 하지만 말로 하는 대화만큼 인간관계에 영향을 미치지는 않는다. '말 한마디에 천 냥 빛도 갚는다'는 속담처럼, 말을 잘하면 상대의 마음도 사로잡을 수 있다. '가는 말이 고와야 오는 말이 곱다', '말이 씨가 된다'와 같이 말을 가려서 해야 된다는 경고성 속담도 많다. 예로부터 말의 중요성을 보여준 것이다.

이처럼 중요한 말은 같은 값이면 잘해야 한다. 말을 잘 못하는 사람들에겐 공통적인 특징이 있다.

첫째, 경험이 부족하다. 남 앞에서 말을 많이 해보지 못해서 무슨 말부터 해야 할지를 모른다. 마음에 드는 이성 앞에서도 자신을 표현하지 못해 발만 동동 구른다. 사전에 준비하면 좋지만 무엇을 준비해야 할지 모른다. 준비를 하더라도 막상 닥치면 머리가 하얘지고 심지어 말을 더듬기도 한다. 상대의 반응에 대한 두려움이 크다. 거절하거나 반응이 안 좋을까 봐 걱정부터 한다. 말할 기회를 자주 만들고 상대의 반응에 둔감해져야 한다.

둘째, 화제가 없다. 대화를 계속 이어갈 콘텐츠가 부족하다. 준비해 간 화제가 고갈되면 더 이상 대화를 이어가지 못한다. '갑분싸(갑자기 분위기 싸해진다는 신조어)'까지는 아니더라도 분위기가 어색해진다. 상대의 말에 답변하는 형태의 대화가 이어진다. 답답해진다.

셋째, 하고 싶은 말은 많은데 조리가 없다. 한마디로 횡설수설이다. 중간에 삼천포로 빠지기도 한다. 가끔은 자신이 무슨 말을 하려 했는지도 잊어버린다. 결론이 없으니 대화는 시간 낭비가 된다. 상사와의 대화에서 가장 피해야 할 형태다. 이런 사람은 말하는 '법'에 대해 따로 공부해야 한다. 흔히 대화법이라고 할 때는 시간(Time), 장소(Place), 상황(Occasion)을 고려해 대화에 임해야 한다(TPO 기법).

🎶 대화에는 규칙이 없다

회사에는 사규가 있고, 운전을 하는 데도 따라야 할 규정이 있다. 하지만 말에는 규칙이 없다. 그래서 말을 제대로 하더라도 대화가 안 되기도 한다.

"나 앞머리 자를까? 말까?"

아내가 묻는다.

"자르고 싶으면 잘라."

내가 대답한다. 아내가 더 이상 말을 안 한다.

이 상황을 보고 남자들은 내가 한 답변이 아무런 문제가 없다고 생각할 것이다. 반면, 여자들은 역시 남자들은 대화가 안 된다고 생각할 것이다.

"지금 머리가 맘에 안 들어? 당신은 짧은 머리도 잘 어울릴 거야. 이번에 한번 자르는 것도 좋겠는데."

이게 여자들이 바라는 정답이다. 여자는 공감과 이해가 대화의 목적이지만, 남자는 답을 찾기에 그렇다고 한다. 결혼 30년 차인 내가 아직도 이해하지 못하는 부분이다. 남자는 화성, 여자는 금성에서 살다 와서 그런 걸까? 아무튼 남자들은 여자를 죽어서도 이해하지 못한다고 한다.

대화에 장애가 되는 또 다른 이유는 바로 '지식의 저주(The Curse of Knowledge)'이다. 다른 사람의 행동이나 반응을 예상할 때, 자기가 알고 있는 지식을 다른 사람도 알 것이라는 고정관념에 매몰되어 나타나는 인식의 왜곡을 의미한다. 교수나 CEO처럼 지식이나 정보를 많이 아는 사람의 말일수록 알아듣기 힘든 이유다. "이건 설명 안 해 줘도 알지?", "아니, 아직 이것도 모르면 어떡하나?"와 같은 것이다. 이런 현상은 지식의 오만이 원인이다. 상대방도 당연히 알고 있어야 한다고 생각하는 것이다. 그러다 보니 핵심은 생략한 채 엉뚱하게 흐르기도 한다. 한편, 지식의 편견도 원인이다. 이는 상대의 지적 수준을 무시하는 것이다. 모를 거라며 상세히 설명한다. 아는 것이 병이 되는 경우다.

🖋 효과적 대화법

경영학의 그루 피터 드러커는 말했다.

"인간에게 가장 중요한 능력은 자기표현이며, 현대의 경영이나 관리는 커뮤니케이션에 의해 좌우된다."

말이 곧 그 사람 자신이 되는 것이다. 효과적으로 대화하기 위해서는 어떻게 해야 할까?

첫째, 진심이 담겨야 한다. 공자가 광나라에서 위험에 처했을 때, 제자 안연이 종적을 감추었다가 한참이 지난 뒤에 모습을 드러냈다. 가장 아끼던 제자가 나타나자 공자는 안도의 한숨을 내쉬었다.

"나는 네가 죽은 줄 알았다."

"스승님께서 살아 계신데 제가 어찌 감히 죽겠습니까?"

사제관계를 떠나 서로를 위하는 진심이 느껴지는 대화다.

둘째, 평범한 말속에 깊은 뜻을 담아라. 언중유골(言中有骨)이다. 직설적인 표현은 가급적 하지 않는 게 좋다. 상대의 감정을 상하게 하고 갈등의 씨앗이 될 수 있다. 은유나 비유를 통해 상대가 스스로 깨닫게 하는 것이 좋다. 비꼬거나 비아냥거리는 표현은 하수다.

셋째, 눈높이를 맞춰 대화하라. 상대의 입장이 되고 상대의 마음까지 헤아려야 한다. 말을 잘하는 것은 유창하고 화려하게 꾸미는 것이 아니다. 상대방이 처한 상황을 얼마나 잘 읽고 맞추는가에 대화의 성패가 달려 있다.

넷째, 'I message'가 되어야 한다. 업무상 실수한 직원에게 부장이 질책한다.

"김 대리는 도대체 생각이 있는 거야, 없는 거야? 일을 이따위로 하면 어떡해!"

상대방이 주어다. 상대가 잘못했다며 상대를 비난하는 말투다. "나는 김 대리가 이렇게 일 처리를 할 줄 몰랐어"와 같이 내가 주어가 되어 말하는 습관을 들여야 한다.

다섯째, 칭찬을 자주 하는 것이 좋다. 칭찬할 때는 결과에 대한 칭찬보다는 과정에 대한 칭찬이 바람직하다. "영업 일등을 하다니, 대단해!"하기보다는 "하루도 빠짐없이 고객을 찾아다니더니"처럼 노력을 칭찬하는 것이 더 좋다. 긍정적 영향력을 칭찬하는 것도 좋다. "김 대리 덕분에 우리 팀 분위기가 좋아졌어"와 같은 칭찬이다. 대화를 부드럽게 하고 상대의 감정을 어루만질 수 있다.

직장에서는 주로 상사가 말을 한다. 회의 때나 회식 때나 마찬가지다. 직원들은 가급적 말을 하지 않으려고 한다. 상사와의 자리가 불편하기도 하고, 괜히 말 한번 잘못했다가 본전도 못 건진다는 생각이 앞서기 때문이다.

상무로 승진해 부서원들과 대화를 하고 싶었다. 너무 많으면 대화에 방해될까 봐, 7명씩 팀을 나누어 매주 수요일 저녁 자리를 가졌다. 내 딴에는 직원을 배려한다고 9시 전에 끝내고 1차만 하는 걸로 원칙까지 정했다. 두 번째 저녁을 마쳤다. 괜히 시작했다는 후회가 들었다. 식사하는 두 시간 동안 나 혼자 떠들었던 것이다. 가끔 선임사원이 거들기는 했다. 하지만 대부분의 직원은 시키는 말에만 짧게 답하고 대화를 이어가려는 의지조차 보이지 않았다. 약속을 했으니 중단할 수도 없었다. 10주간 저녁 자리를 계속했다. 대화는 "시작!" 하고 하는 것이 아니라는 사실을 그때 깨달았다. "우리 얘기 좀 해" 처럼 상대방과 대화를 시도하려는 모습을 자주 본다. 상대는 준비가 안 되었는데 불만이나 불편한 감정을 쏟아낸다. 오히려 서로의 감정을 더 상하게 하는 대표적 대화방식이다.

진정한 대화를 위해서는 대화 분위기 형성이 먼저다. 대화는 혼자 하는 게 아니다. 아무 말도 하지 않는다고 시계 방향으로 돌아가면서 한마디씩 하는 건 고문일 뿐이다. 대화를 이끄는 사람이 상대가 마음을 열고 대화할 수 있도록 만들어야 한다. 유머도 좋고 칭찬도 좋다. 상황에 맞춰 분위기를 만들라. 당신이 리더라면 게임메이커 역할을 해야 한다. 시끄러운 조직이 되게 하라. 하고 싶은 말을 할 수 있도록 만들어야 한다. 문제가 있는 조직은 조용한 조직이다. 말을 하기 싫거나 말을 못하게 만드는 조직이라 그렇다.

7

실제 능력보다
보여지는 능력이 중요하다

'구슬이 서 말이라도 꿰어야 보배다.'

한 말은 18리터다. 서(세) 말이면 54리터다. 엄청 많은 양이다. 이 정도 구슬이 있더라도 실로 꿰어 목걸이나 팔찌를 만들지 않으면 별 쓸모가 없다는 뜻의 속담이다.

우리 주변엔 화려한 스펙으로 무장한 사람이 많다. 눈이 부실 정도다. 그 스펙을 어디에 쓰려고 시간과 자원을 쏟아가면서 쌓는지, 직장생활 30년 차인 나도 아직까지 잘 모르겠다. 취준생에게는 말도 안 되는 이야기일 수도 있다. 지푸라기라도 잡는 심정으로 스펙하나라도 더 만들어 취업에 성공해야 하는 절박한 심정을 이해 못하는, 나이 든 꼰대의 생각이라 욕할 수도 있겠다. 지금과 달리 취업하기 좋은 시대에 태어나서 배불러 하는 헛소리라 치부할 수도 있을 것이다.

실제 스펙이 좋으면 그 사람이 가진 역량도 좋을 것이라 판단하게 된다. 스펙은 취업을 위한 최고의 무기임을 인정할 수밖에 없다. 짧은 시간의 면접은 선발이 아니라, 부적절한 사람을 탈락시키는 행위임을 기억한다면 말이다. 하지만 거기까지다. 실제 업무는 스펙으로 하는 게 아니다. 좋은 스펙이 업무를 배울 때는 오히려 걸림돌이 되기도 한다. '내가 이런 일 하려고 그 고생을 했나' 하는 회의가 든다는 직원을 여럿 보았다.

《마케팅이 뿔났다》에 이런 우화가 있다.

엄마 낙타가 새로 태어난 아기 낙타에게 자랑을 했다. 사막에서 생활하기 위한 최적의 동물이 낙타라고 했다. 뜨거운 햇볕에 눈을 보호하는 긴 눈썹, 모래에 빠지지 않도록 넓적하게 생긴 발바닥, 영양과 수분 보충을 위한 등에 달린 쌍봉까지 최적의 조건이라고 했다. 엄마 얘기를 다 듣고 난 아기 낙타가 고개를 갸우뚱하며 물었다.

"그런데 엄마, 왜 우린 동물원에 있어요?"

동물원에 갇혀 있는 낙타에게는 쌍봉도, 긴 눈썹도, 넓적한 발바닥도 아무 의미가 없다. 사막을 갈 일이 없는데 무슨 소용이겠는가!

밖으로 드러나지 않은 능력은 더 이상 능력이 아니다. 성과로 연결되지 않는다면 누구도 당신의 능력을 인정하지 않는다. 상사가 무능해서 당신이 능력을 알아주지 못할 수도 있다. 당신의 적성에 맞지 않는 업무라 의욕이 떨어져 능력을 발휘하지 못하기도 한다. 내 안에 잠자고 있는 능력은 더 이상 능력이 아니다.

✍ 기획과 전략보다는 실행이다

팀장 때 일이다. 하반기에 미래 먹거리를 담당할 부서가 신설된다는 소문이 돌았다. 사장의 역점사업이라고 했다. 연말이면 조직도 늘어나고 책임자도 임원급으로 격상될 것이라는 소문이었다. 유력 후보는 K 팀장이었다. 기획력이 탁월하기로 전사에서 알아주는 선임 팀장이었다. 워낙 기획을 잘하다 보니 별명이 '화가'였다. 기획서를 그림처럼 잘 쓴다는 뜻이다. 파워포인트 사용 능력도 뛰어났다. K 팀장이 작성한 기획서나 보고서를 보고 있으면, 마치 예술 작품을 보는 느낌이 들 정도였다. K 팀장도 자신이 신설되는 팀을 맡을 거라 확신했다. 공공연히 함께 일할 팀원들까지 일찌감치 지정해두었다. 부장 7년 차, 탁월한 기획력, 사장의 막강한 지원을 등에 업고 새로 신설될 부서를 맡을 예정인 K 팀장의 위세는 정말 대단했다.

며칠 후 사내 게시판에 인사발령 공지가 올라왔다. 오 마이 갓! 새로운 팀장에 내 이름이 올라 있는 것이 아닌가! 전혀 예상하지도 못했고 어찌 된 영문인지도 몰랐다. 본부장의 호출이 있어 올라갔다. 사장실에서 함께 오라고 했단다.

"이 팀장이 실행력이 좋다고 해서 새로운 팀을 맡겼네. 본부장은 이 팀장이 제대로 일할 수 있도록 적극적으로 지원해주게."

"예, 알겠습니다. 성과 내겠습니다."

본부장실로 돌아와 자초지종을 들었다. K 팀장은 기획력은 뛰어나지만, 실행으로 옮기는 능력이 부족하다는 것이다. 회사는 멋진 기획서가 아니라 제대로 된 성과가 필요하다. 그래서 나를 추천했고

사장도 수용했다는 것이다. 그 덕분에 나는 일복이 터졌다. 새로운 사업을 시작하려면 얼마나 많은 준비와 노력이 필요한지 겪어본 사람은 다 알 것이다. 다행히 K 팀장이 우수한 인력을 미리 선정해놓은 덕분에 계획대로 일을 추진할 수 있었다. 나로선 천만 다행이었다. 그해 연말, 나는 상무로 승진했다.

회사에서는 맡은 일을 제대로 실행할 수 있는 사람이 결국 승자가 된다. 계획만 하지 마라. 멋진 전략을 짜는 데 급급하지 마라. 보고서 잘 쓰려고만 하지 마라. 경영진부터 화려한 계획을 요구하는 행태를 바로잡아야 한다. 정작 본인도 해보지 못한 일을 직원에게 요구하지 마라. 겉치레만 화려한 공수표를 남발할 뿐이다.

비슷한 역량을 가진 기업 간의 경쟁은 전략의 싸움이 아니다. 기술과 환경의 변화는 어떤 기업에게나 기회이자 위기이다. 대응전략도 대개는 유사하다. 나만의 차별화 포인트를 찾기가 어려워진 세상이다. 경쟁사를 압도할 탁월한 전략이란 현실에서는 찾기 어렵다. 결국은 누가 정교하고 치밀하게 실행에 옮기느냐의 싸움이다. 계획은 약속이다. 보고는 약속의 공표다. 약속을 했으면 실행하라. 실행되지 않는 계획은 공수표이고 일종의 사기 행위이다.

회사는 보통 1년 단위로 성과를 측정 및 평가한다. 그 결과, 인사와 조직도 1년 단위로 변화한다. 사람들이 단기 실적에 집중하는 이유다.

그런데 새로 시작하는 사업은 가시적 성과로 연결되기까지 상당히 오랜 시간이 걸린다. 사업 규모가 크면 클수록 시간은 길어진다.

새로운 사업을 맡는 사람이 자신의 성과를 보여주기에 1년은 너무 짧다. 그러다 보니 기획서를 화려하게 꾸미고 과대 포장하여 긍정적인 성과를 예상한다. 성과가 나올 때까지 자신이 일을 계속한다는 보장이 없다. 그래서 일단 질러놓고 보는 경우가 다반사다. 결국 후임자는 전임자가 저지른 일을 뒤처리하는 데 에너지를 소비한다. 본인 잘못도 아닌 일로 뒤집어쓰기 싫다 보니 잘못된 이유를 찾는 데 급급해한다. 결국 사업을 마무리하는 쪽으로 가닥 잡는다. 계획보다 실행이 중요한 이유다.

실행이 답이다. 여성 최초의 대서양 횡단 비행사 아멜리아 에어하트(Amelia Earhart)는 말했다.

"어떤 일을 해내는 가장 효과적인 방법은 그 일을 하는 것이다."

🏂 아는 것은 실행하라

지행격차(知行隔差). 아는 것과 행하는 것은 차이가 있다는 뜻이다. 스마트폰만 켜면 좋은 정보와 노하우를 언제 어디서든 쉽게 얻을 수 있다. 하지만 실행에 옮기는 것은 누구나 할 수 없다. 오늘은 바쁘니까 내일부터 시작해야지는, 지금은 하기 싫다는 다른 말일 뿐이다.

바보들은 결심만 한다. 보통 사람들은 실행을 시작하지만, 방해하는 요소에 좌절하고 무너진다. 성과를 내는 사람들은 걸림돌이 되는 것들을 하나씩 치워가며 그 실행을 유지하고 지속한다.

세계적인 경영학자 톰 피터스는 말했다.

"기업 간 경쟁력의 차이는 비전과 전략의 우위보다는 그것을 실현하기 위해 행동하는 실행력의 차이에서 비롯된다."

개인의 경우도 마찬가지다. 화려한 스펙과 경력의 우위보다는 끈기 있는 실행력이 경쟁력의 척도다.

성과를 위해 실행이 중요하다는 것을 알면서도 왜 실행을 잘 못해 실행력이 부족하다는 소리를 듣게 되는 것일까?

첫째, 목표가 명확하지 않아서다. 어디로 가야 할지를 모르면 어디를 가도 상관없게 되는 이상한 나라의 엘리스가 된다. 정확한 목적지를 설정하고 로드맵을 그려야 한다.

둘째, 행동을 미루거나 망설여서다. 잘 안 될지도 모른다고 의심하고 모든 조건이 갖춰질 때까지 기다리다 보니 될 일도 안 된다. 일단 작게라도 시작하라. 시기를 놓치는 우를 범하지 말라. 실행을 미루는 것만큼 어리석은 짓은 없다. '바로 지금, 여기'서 시작하라.

셋째, 끝을 보지 못하고 중도에 포기하기 때문이다. 예상했던 성과에 못 미치거나 늦어질 경우 중도에 퇴각을 결정하게 된다. 그럴수록 퇴로를 차단하고 실행에 더 집중해야 한다. 운동할 때 가장 힘든 순간 '한 번 더!'가 나의 근육을 단단하게 만드는 것처럼, 한 발의 차이가 승부를 결정할 수도 있다.

넷째, 건전한 실패를 용인하지 못해서이다. 계획한 대로 일이 추진된다면 세상에 성과 없는 조직과 개인이 존재할 수 있겠는가. 만일 충분히 노력했다면 그건 건강한 실패다.

방향을 정확히 설정하고 목표를 명확히 하라. 치밀한 계획을 세우고 지금 바로 시작하라. 계획을 실행에 옮겨라. 실행을 방해하는 요소들은 과감히 없애라. 힘들고 포기하고 싶은 순간 한 발짝 더 움직여라. 실행을 지속하고 유지하는 습관을 몸에 배게 하라. 잠재된 당신의 능력이 세상 밖으로 나와 빛을 발할 것이다. 성과라는 달콤한 열매는 언제나 당신 몫이다.

8
바쁠수록
혼자만의 시간을 가져라

'08시 30분 이전, 17시 30분 이후 출입 금지'

임원 시절 내 방 문 앞에 붙여놓은 글귀다. 비서에게도 그 시간에 찾아오는 직원들은 일정을 변경하라고 일러두었다. 나는 오전 여섯 시에 집을 나선다. 회사 근처 헬스클럽에서 운동을 하고 여덟 시 이전에 사무실에 출근한다. 간단한 샐러드로 아침을 먹고 방금 내린 커피 한 잔과 함께 하루 일과를 시작한다. 메일도 확인하고 당일 일정을 보며 준비해야 할 것과 챙겨야 할 산출물에 대해 정리한다. 그 시간을 08시 30분까지로 정한 것이다. 그날 하루 일과를 끝내고, 17시 30분부터는 오늘 일정 중에 혹시 빠뜨린 것이 있는지와 다시 점검해야 할 것을 체크한다. 다음 날 해도 되는 것은 넘긴다. 오후 여섯 시에는 사무실을 나선다. 저녁 일정이 있으면 소화하고, 아니면 집에서 저녁을 먹고 쉰다.

그런데 나만의 시간을 방해하는 일이 자주 발생했다. 문 앞에서 내가 출근하길 기다렸다가 급한 보고라며 들고 들어오는 직원도 여럿 있었다. 아침 식사 중에 찾아와서 샐러드조차 먹기 불편하게 만드는 직원도 있었다. 퇴근하려고 가방을 챙길 때 찾아오는 직원도 다수였다.

하루 종일 이런저런 보고와 회의, 의사결정을 하느라 정신없이 보내는 게 대기업 임원의 일상이다. 직급이 높아질수록, 직책이 커질수록, 자신의 의지와 상관없이 해야 할 일은 점점 늘어난다. 어떤 날은 너무 정신없이 보내다 보니 오늘 무엇을 했는지, 어떻게 시간이 지나갔는지 기억도 안 날 때가 있다. 결국 정한 것이 '내 시간 확보'였다. 일과 전후 30분은 내가 필요한 시간에 내 의지로 쓰도록 한 것이다. 때론 반성도 하고 정리도 하는 시간이다. 사적으로 해야 할 일도 그때 처리한다.

직원들이 보기에 임원이 되면 자기 마음대로 시간을 조절하고 편하게 생활할 거라 생각하지만, 실상은 그렇지 못하다. 시간적 여유가 있어 책이라도 볼라치면 또 누군가 문을 두드린다. 일과 시간에 직원이 업무상 보고나 얘기할 게 있다는데, 책을 읽어야 하니 나중에 오라고 할 수는 없지 않은가.

일정표는 팀장 이상에게 다 공유된다. 비서를 통해 블록퍼즐 맞추듯이 빈 시간을 찾아 일정을 끼워 넣는다. 내 의지로 시간을 쓰는 건 만만치 않다. 상무급에게는 비서를, 전무 이상에게는 비서에 기사까지 제공하는 이유다. 운전하느라 중요하거나 급한 일 놓치지 말고, 운전은 기사에게 맡기고 이동 중에도 일을 하라는 의도다.

엘리베이터도 임원 전용이 있다. 예전에는 식당에도 임원석이 따로 있었다. 대우를 해준다고 생각하겠지만 사실은 그렇지 않다. 직원들이 불편할까 봐 그렇게 하는 거다. 엘리베이터에 임원과 같이 탈 때 편한 사람 있으면 손들어보라. 식당에서 임원과 마주앉아 먹으면 소화가 잘되겠는가.

임원은 방도 따로 준다. 직원들이 불편하니 나오지 말고 방에 있으라는 의미다. 언제 그만둘지 모르니 연봉은 많이 준다. 매번 임원과 일정 조율을 할 수 없으니 비서가 필요한 거다. 그럼에도 직장생활에서 임원은 충분히 할 만한 가치가 있다.

🎿 반성과 자기 성찰

사람은 반성과 자기 성찰을 통해 성숙해지고 성장한다. 정신없이 하루를 지내다 보면 나를 돌아볼 시간이 없다. 그래서 바쁠수록 자기만의 시간을 확보해야 한다. '반성'의 사전적 의미는 자기 스스로가 잘못이나 부족함이 없는지 돌아보는 행위이다.

일상에서는 자신의 잘못을 뉘우치고 다시는 같은 잘못을 반복하지 않겠다고 다짐한다. 어릴 적 선생님들은 친구들과 다투거나 잘못을 했을 때 복도에 나가 '무릎 꿇고 손들어'를 시켰다. 반성을 하라는 의미였지만 어린 나이에는 왜 반성을 해야 하는지 몰랐다. 그냥 팔이 아프고 다리만 저렸다. 심하면 반성문도 썼다. 뉘우치고 재발 방지를 약속한다. 일주일 내내 써보기도 했다. 반성문에는 잘못된 행동이 무엇이었는지를 쓴 다음, 왜 그런 일이 일어나게 되었는가 이유를 적었다. 절절히 뉘우치고 있다고 기술한 후, 다시는 그런 일이 없게 하겠노라 다짐하고 약속하는 것으로 마무리한다. 어른이 되어서는 반성문을 써보지 못했다. 음주운전에 걸려 반성문을 써봤다는 친구는 있었다.

반성은 인간의 의식을 성립시키는 기본 작용이다. 스스로가 자기 심리를 돌아보는 것이다. 진심으로 잘못을 뉘우치는 모습을 보면 사람들은 용서를 한다. 그렇지 않고 형식적으로 행동하면, 반성의 기미가 없다는 이유로 배척하거나 대가를 치르게 만든다. 일제 강점기 저지른 잘못에 대해 진심으로 사과와 반성을 하지 않는다는 이유로, 많은 한국인이 일본을 용서하지 않고 있는 것과 마찬가지다.

반성이 과거에 대한 잘못에 초점이 맞춰져 있다면, 자기 성찰은 좀 더 미래지향적이다. 자기 성찰은 내가 누구인지 알아가는 것이다. 내 정체성이 무엇인지를 찾는 것이다.

"모든 문제는 자신과 단둘이 마주하려고 하지 않기 때문에 발생한다."

소설가 프란츠 카프카의 말이다. 의도적으로 자신을 타인과 분리하여 고독의 시간 속에서 자신의 내면을 성찰하면서, 본연의 자신을 찾는 시간이 필요하다고 강조한다. 대부분 직장인은 홍수처럼 쏟아지는 외부 정보에 의존하며 살아간다. 타인의 평가에 신경을 곤두세우고 예민하게 반응한다. 내 안의 기준보다는 사회가 만들어놓은 기준과 규칙에 생각 없이 그냥 맞추며 사는 것이다.

《심연》에서 배철현 저자는 자기 성찰을 위해서는 내면 가장 깊숙한 곳, 심연에 도달해야 한다고 강조한다. 그러기 위해서는 4단계를 거쳐야 한다. 먼저 '고독(孤獨)'의 시간을 확보하고, 내면 구석구석 돌아보는 '관조(觀照)'를 거친다. 자신의 열등감이 나타나는 '자각(自覺)'의 시간을 지나면, 구태를 버리고 본연의 모습을 찾는 '용기(勇氣)'가 생긴다는 것이다. 엄청난 연습과 노력이 필요해 보인다.

✍ 움켜쥔 손을 펴라

반성과 자기 성찰을 거치면, 이제 정리를 해야 한다. 정리 정돈할 때의 정리(整理)가 아니라 '정리(定離)'다. 헤어지는 것이다. 익숙한 것과 헤어지고 정들었던 것과 이별해야 한다.

우리는 타성에 젖어 살기 쉽다. 관성에 따라 그냥 움직인다. 정리는 변화와는 다른 것이다. 변화는 성격이나 태도가 다른 것으로 바뀌는 것을 의미한다. 정리는 버리는 것이다. 비우는 것이다. 움켜쥔 손을 펴야 한다. 그래야 다른 것, 새로운 것을 잡을 수 있다.

우리가 스스로가 어떤 사람인지 잘 설명하지 못하는 이유는 손에 쥐고 있는 것들에 대해 많은 시간을 소모하기 때문에 그렇다. 일을 손에 쥐고 있는 사람은 하루 종일 일에서 벗어나지 못한다. 퇴근 후에도 일을 잡고 있고, 머릿속에도 늘 일이 채워져 있다. 일중독이 되는 이유다. 욕망과 욕심을 가득 쥐고 있는 사람도 있다. 욕망에 가득 차 정정당당하게 경쟁하지 못한다. 상대를 비난하고 헐뜯고 깎아내리려 한다. 탐욕스런 눈빛과 행동으로 갈등을 조장하고 양아치가 된다. 규칙이 무엇인지 망각하고 결국 잘못된 길로 가게 된다.

반성과 자기 성찰은 내 손에 움켜쥔 것들을 놓게 만드는 힘이 있다. 그러기 위해서는 자기만의 시간을 가져야 한다. 우리는 가족을 위해 직장에 헌신하며 살았지, 자신을 위한 시간을 가져본 적이 별로 없다. 내가 누구인지 잘 모르니, 내게 무엇이 필요하고 그 필요한 것을 어떻게 확보해야 하는지 모른다. 내 생일이 되면 아내와 아이들이 고민 끝에 결국 내게 묻는다. 아빠 갖고 싶은 게 뭐냐고. 대답을 제대로 해본 적이 없다. 무엇이 갖고 싶은지, 내게 필요한 게 무엇인지 나는 생각이 나질 않았다. 치열하게 앞으로만 달렸지 나를 돌아보지 못했기에 당연한 결과였다.

지금이라도 나만을 위한 시간을 가져라. 온전하게 나를 돌아보고 내가 진짜 원하는 게 무엇인지를 깨달아야 한다. 삶은 내가 생각하는 것보다 그리 길지 않다. 바쁘다고 생각할수록 시간을 더 확보해야 한다.

일과시간 앞뒤로 30분씩 한 시간을 내 것으로 확보한 뒤로는, 오히려 시간 사용이 더 효율적이 되었다. 일에 대해서도 차분히 더 생각할 수 있었고, 잘못된 판단도 바로잡을 수 있었다. 내 시간을 갖는 것, 그래서 반성하고 나를 돌아보는 것, 나의 성장과 성숙에 가까이 가는 지름길이다.

Chapter 5

직장을 떠나서도
인정받는 사람이 되라

1

당신에게
'저녁'을 돌려드립니다

엄마가 있어 좋다

나를 이뻐해 주어서

냉장고가 있어 좋다

나에게 먹을 것을 주어서

강아지가 있어 좋다

나랑 놀아 주어서

아빠는 왜 있는지 모르겠다

몇 해 전 MBC의 한 예능 프로그램에 방영되어 화제가 되었던 초등학교 2학년이 쓴 '아빠는 왜?'라는 시다. 이 시대의 아빠의 존재를 대변한다고 해서 공감과 함께 씁쓸함을 남겼다.

강남 학원가에서는 엄마의 정보력과 함께 아빠의 무관심이 자식의 명문대 진학 필수조건이라고 한다. 가족에게 아빠의 역할은 경제 문제를 해결해줄 수 있을 때만 존재한다는, 퇴직한 선배들의 자조적인 소리를 그냥 웃어넘겼다. 일부 사람에게는 그럴 수도 있다고 생각했기 때문이다.

아이들이 한창 아빠를 필요로 할 시기에 아빠들은 직장에 있었다. 밤늦게까지 야근을 하고 있거나 상사의 술시중을 들고 있었다. 혹자는 쌓인 스트레스를 풀기 위해 동료나 친구들을 붙들고 하소연하고 있었다. 그래도 나 없으면 회사가 안 돌아갈지도 모른다는 착각 속에 산 시절이었기에 가능했다.

그러다 어느 날 갑자기 후배에게 팀장 자리를 내주고 뒷방 늙은이로 내몰리게 되었을 때 깨닫는다. 이제 더 이상 회사가 나를 필요로 하지 않는다는 사실을 말이다. 직장 후배들과도 자주 어울리지 못하고, 친구들을 만나도 자꾸 비교되는 것 같아 점차 만나는 횟수가 줄어든다.

그제야 가족의 소중함을 깨닫고 가족 품으로 돌아온다. 하지만 훌쩍 커버린 아이들은 더 이상 아빠를 필요로 하지 않는다. 아내는 자기만의 세상에서 행복하게 잘 살고 있다. 열심히 일만 하며 살다가 돌아온 가정에서 이젠 자신이 끼어들 자리가 없다는 사실에, 그간 살아온 시절을 후회한다. 본인은 열심히 산다고 살지만, 책임감으로 살면 인생이 허무하고 공허해진다.

정도의 차이는 있겠지만, 이 시대를 사는 중년 가장 누구나의 이야기일 것이다.

40대 아버지가 있는 가정에 관찰카메라를 설치했다. 저녁 9시, 아버지가 퇴근하는 소리에 거실에서 놀던 엄마와 아들이 슬그머니 자리를 피한다.

"아빠 왔다."

지친 몸을 이끌고 현관에 들어서며 아빠가 말한다.

"네. 자요."

안방으로 들어간 엄마의 대답이다.

아빠는 옷을 갈아입고 거실 소파에 앉아 TV를 켠다.

"티브이 소리 좀 줄여요. 우리 자게."

다시 안방에서 들리는 엄마의 소리다.

부엌에서 간식을 챙겨 소파에 누워 TV를 본다. 다시 아이 방으로 가 컴퓨터 게임을 좀 하더니, 다시 소파에서 잠을 청한다.

몇 해 전 〈SBS 8시 뉴스〉에서 본 내용이다. 집 안에서 소파는 유일한 아빠의 공간이다. 소파는 아빠를 거부하지 않는다. 형식적 서열은 아빠가 일등이지만, 실질적으로는 그렇지 못하다. 반려견 다음에 위치한다는 웃지 못할 소리도 있다. 모두가 그렇게 살지는 않지만, 충분히 공감은 된다.

〰️ 퇴근 후의 삶

이제 세상이 변했다. 야근과 휴일 근무를 포함, 장시간 근무에 시달려온 데 대한 반발도 있었고 사회적 인식도 변화했다. 그 결과 근로시간 단축을 통한 저녁이 있는 삶과 워라밸 강조가 시작되었다. 주당 52시간 근무도 시작되었다. 3개월이 지난 시점에 KT와 BC카드가 유동인구 빅데이터를 분석한 결과, 주 52시간 근무제 도입 이후 광화문 일대 직장인의 하루 평균 근무시간(체류시간)이 작년 동기보다 55분 줄어들었다고 한다. 여가 활동 소비도 9.2% 늘었다. 퇴근 후 집 근처로 이동해 저녁을 보내는 시간도 늘었다고 한다.

하지만 아직도 집에 와서도 쉬는 게 쉬는 것이 아닌 직장인이 너무 많다. 저녁 식사를 하는 동안, 심지어 잠자는 중에도 업무 생각을 하고 계획을 짠다. 스스로를 못살게 군다. 일을 통해 즐거움과 만족을 찾는 것도 중요하다. 하지만 직장을 벗어난 곳에서 하는 업무는 일의 효율을 떨어뜨린다. 스트레스만 가중시킨다. 업무 외 시간은 '나'를 위한 시간이 되어야 한다. '퇴근 후의 삶'은 어떻게 사는 것이 좋을까? 정답은 없지만 방향은 있다.

먼저 20대 직장인이라면 무조건 '자기계발'에 투자해야 한다. 데이트도 하고 친구를 만나는 것도 좋다. 하지만 20대는 미래에 투자해야 할 때다. 외국어는 필수다. 제2외국어까지 하면 금상첨화다. 언어는 언제나 진행 중이어야 한다. 업무와 관련된 지식이나 기술도 좋다. 자신의 강점을 배가할 수 있도록, 차별화 포인트를 만들 수준이면 좋다.

팀장 시절, 사업 실적 분석을 위해 엑셀을 매일같이 다루던 P 대리가 있다. 그는 업무상 필요했던 전문 지식을 활용해 엑셀 교재를 출간했다. 책을 내고 나니 강의 요청도 많아지고 수입도 늘었다. 동영상 강의도 만들었다. 이제는 직장에 다니면서 강사로 활동하는 최고의 엑셀 전문가가 되었다.

당신이 30대 아빠라면 퇴근 후에는 '아이와의 추억 쌓기'에 전념하라. 맞벌이 부부라면 더욱 그래야 한다. 아내가 전업주부일지라도 저녁에는 육아를 넘겨받아라. 아이 돌보기는 정말 힘들다. 하지만 아이가 주는 행복은 아무리 힘들어도 세상 그 무엇과도 바꿀 수 없다. 인맥을 쌓는다는 이유로 사람들과 어울려 아이와 갖는 시간을 놓치지 말라. 인생의 가장 행복한 순간을 잃는 것이다. 아이는 기다려주지 않기에 그렇다. 인맥은 필요하긴 하다. 하지만 그건 내가 잘나갈 때나 유용한 것이다. 아무리 좋은 인맥일지라도 내 소중한 아이와의 추억을 쌓을 행복과는 절대 바꾸지 마라.

이제 40대가 된 당신은 직장이 아니라 인생 2막을 생각하고 준비해야 한다. 특히 40대 중반을 넘어서면 금방 쉰이다. 방향은 두 가지다. 재취업이나 창업을 준비하는 부류가 있고, 취미 활동이나 여가를 즐기는 부류가 있다. 중고생 아이들은 아빠와 같이할 게 별로 없다. 중 2병이라도 심하게 걸렸다면, 오히려 건드리지 않는 게 상책이다. 시간이 해결하도록 내버려둬야 한다. 때가 되면 알아서 회복된다. 세 아이를 키운 아빠의 경험이다.

50대에게 직장은 언제든 떠날 수 있는 곳이기에, 임원이 아닌 이상 더 이상 아등바등하지 않게 된다. 직장에서는 월급값 못하는 사람도 늘어난다. 쉰 살이 넘은 영업 사원이 찾아오면, 갑의 위치인 고객사 담당자들도 편하지만은 않다. 그래서 내부 업무가 많아진다. 스마트폰을 쓰기는 한다. 네이버 검색과 카카오톡 정도다. 동창들 밴드는 아저씨, 아줌마 들의 전유물이다. 주변엔 이미 직장을 나온 친구가 하나둘 늘어간다. 현직 임원인 친구가 나오지 않는 한, 친구들 모임도 대부분 1/N이다.

주말이면 산을 찾는 경우도 많다. 40대에는 가끔 골프도 쳤다. 언제 그만둘지 모르는 50대에게, 30만 원 가까이 드는 주말 골프 비용은 결코 만만치 않다. 골프는 평일에 가끔, 회사에서 강제로 써야 하는 연차를 이용해 치는 게 전부다. 50대는 가급적 부부가 함께 지낼 수 있도록 하는 것이 당신의 노후생활에 좋다. 지금 부부가 함께하지 못하면, 시간이 지나서는 더 힘들어진다. 저녁 식사 후에 동네 산책로라도 함께 걸어라. 해질 무렵 나이 들어 손잡고 같이 걷는 노부부의 모습을 본 적 있는가? 인생을 함께한 시간만큼 아름답기까지 하다. 그래서 지금부터 연습해야 한다.

당신의 저녁을 소중히 하라

저녁이란 새날을 기약하는 낮의 저묾이다. 아침과 낮은 저녁을 거쳐 밤으로 간다. 저녁은 끝을 향해 간다는 의미가 아니다. 오히려 저녁은 새로운 내일을 기약한다. 저녁이 있는 삶은 아침과 낮을 거쳐

온 기쁨과 슬픔, 고단함이 공존하는 자리다. 서로의 기쁨을 함께 나누고 서로에게 위로와 힘이 되는 저녁을, 이젠 돌려받아야 한다. 오늘을 정리하고 내일을 준비하는 저녁이 되어야 한다. 바쁜 직장생활일수록 저녁은 더욱 소중하다.

그렇게 돌려받은 저녁을 당신은 어떻게 쓸 것인가?

2

임계점을 넘어라.
다른 세상이 보인다

마라토너의 러너스 하이(Runners-High)가 있다. 마라톤을 하다 보면 지극히 힘든 상태를 경험하게 된다. 숨이 멎기 직전의 극한점이다. 이 극한의 고비를 넘기면, 하늘을 날고 있는 듯한 행복한 기분을 느낀다고 한다. 우리 몸이 극도의 고통을 무마하기 위해, 뇌 속에서 엔돌핀을 분비해 기분을 고양시키는 현상이다. 따라서 마라톤을 수차례 하다 보면 좀 더 쉽게 엔돌핀이 분비된다. 42.195킬로미터 전 구간을 완주하는 고통이 점차 견디기 쉬워지는 것이다.

힘들고 고통스러운 시간을 참고 견디다 보면, 나만의 스트레스 해소법을 찾게 된다. 어느새 상사의 잔소리나 동료의 뒷담화도 견디기 쉬워진다. 해탈까지는 아니더라도 깨달음의 경지에 도달하게 된다. 한계점을 넘어야 한다는 소리다. 임계점이라고도 한다. 임계점

(Critical Point)이란 '물질의 구조와 성질이 다른 상태로 바뀔 때의 온도와 압력'을 말한다. 액체인 물이 계속 끓다가 100도를 넘는 순간 기체인 수증기로 변하는 것처럼, 물질이 근본적으로 변하기 위해서 절대적으로 요구되는 온도와 압력이 있다는 의미다.

우리가 무엇을 배울 때도 마찬가지다. 일정한 횟수를 반복해야만 자연스러운 생각과 몸의 움직임이 따라온다. 아무리 공부해도 늘 제자리걸음인 것 같던 영어가, 어느 순간 갑자기 말문이 터지고 귀가 열리기 시작하는 경험이 바로 그것이다.

임계점을 넘는 순간, 끌려다니던 수동적 입장에서 내가 적극적으로 움직이는 능동성으로 바뀐다. 시키지 않아도 스스로 찾아서 하게 되고 하는 일에 재미를 느낀다. 주도적인 사람으로 변한다. 주인의식을 갖게 되는 것이다.

🛗 주인으로 대우하라

"자네 돈 아니라고 이렇게 막 써도 되는 건가? 왜 이렇게 주인의식이 없어?"

"시키는 일만 하지 말고 주인처럼 생각하고 행동하면 안 되나?"

사장 입장에서 보면 시키는 일만 겨우 끝내고 마는 직원이 답답할 수밖에 없다. 조직의 성장과 발전에 도무지 관심이 없고, 개인의 이익에만 혈안인 직원을 보면 서운함마저 든다. 직원은 항변한다. 주인의식이 없다고 하지 말라고. 언제 주인으로 대우한 적이 있었냐며

되묻는다.

어떻게 하면 직원을 주인처럼 행동하게 만들 수 있을까? 의외로 간단하다. 정말 주인으로 대우해주면 된다. 인사 분야 글로벌 컨설팅 회사 '휴잇 어소시에이츠(Hewitt Associates)'는 주인이라면 누려야 할 최소한의 권리를 세 단어로 정리했다.

첫째, 정보(Information)다. 현재 회사가 어떻게 돌아가는지, 현안은 무엇인지에 대한 정보를 말단 직원까지 알 수 있어야 한다. 사장부터 현장 직원에 이르기까지, 하나의 전략과 비전으로 정렬(Align)되어야 한다. 이 경우 중간에 있는 리더의 역할이 중요하다. 자의적 판단으로 왜곡하거나 생략해서는 안 된다. 제대로 된 정보가 제대로 전달될 때, 직원들은 각자 맡은 업무 영역에서 무엇에 집중하고 어떻게 처신해야 할지 스스로 깨닫고 움직일 수 있다. 지시한 내용에 머무르지 않고, 필요한 일을 찾고 닥칠지 모르는 위기에 대비한다.

둘째, 영향력(Influence)이다. 모든 지시와 명령이 위에서 아래로만 흐르는 조직에서는, 직원이 가진 영향력은 전무하다고 해도 과언이 아니다. 기껏해야 대세에 지장이 없는 상사에 대한 상향평가를 하는 수준에 그친다. 새로운 시각과 때 묻지 않은 사고를 가진 주니어(Junior)가 마음껏 의견을 제시할 수 있는 분위기부터 만들어야 한다. 또한 이들이 제시한 회사의 변화와 성장에 도움 되는 의견은 실제로 반영되어야 한다. 형식적으로 듣는 흉내만 내는 것은 도리어 입을 닫게 만들 수 있다. 사내 배심원제도, 비전수립 모임과 같이 직원들이 참여하고 의견을 제시할 수 있도록 해야 한다.

셋째, 이익(Interest)이다. 나에게 금전적인 이익이 되어야 주인의 마음이 생긴다. 월급은 노동의 대가이다. 월급을 주는 것은 이익과 구별되어야 한다. 주인처럼 일한 덕분에 성과가 창출되었다면, 이에 따른 적절한 인센티브가 제공되어야 한다. 성과급이나 스톡옵션, 우리사주와 같이 눈에 보이는 이익을 배당하면 주인 역할에 최선의 노력을 끌어낼 수 있다.

만일 성과를 공유할 수 없다면, 일에 대한 공감대라도 만들어져야 한다. 주인의식이 생길 만한 목표의식을 갖도록 하고, 그 목표의 주인으로 만들어줘야 한다. 경영상 이슈를 제외하고 우리가 겪는 대부분의 조직 문제는, 리더의 잘못된 판단과 행동에 기인한다. 요즘 직원들이 주인의식이 없는 것은 리더들이 주인의식이 없기 때문이다. 설령 있다 하더라도 주인의식을 직원들에게 공유하지 못하기 때문이다. 주인인 척만 했지, 주인으로서의 진짜 고민은 없었던 것이다.

자기 힘으로 모든 걸 해결해야 하는 상황에선, 아무리 무책임한 회사원이라도 책임감을 갖고 일에 대한 집중력을 높이게 마련이다. 개인사업자가 직장인보다 훨씬 주인의식이 높을 수밖에 없는 이유다. 나에게 즉각적인 보상이 보이지 않는 일을 내 일처럼 하기란 쉽지 않다. 나에게 실제 지분이 없는데 누구도 지분이 있는 사람처럼 행동할 수는 없다.

그런데 왜 요즘 직원들은 유독 더 회사일을 남의 일처럼 생각한다고 느끼는 것일까? 상사 입장에서 직원들이 회사일을 남의 일처럼 생각한다면 심각한 문제일 것이다. 실제로 남의 일인 건 둘째 치고 주인의식을 갖춘 인력이 적을수록, 조직으로서의 역량이 약화될 수밖에 없기 때문이다. 직원 스스로가 주인의식을 갖는다면 최상이다. 그렇지 않다면 주인으로 대우할 방법을 찾아라. 진정한 성과를 원하는 리더와 경영자라면, 이것은 선택이 아니라 필수다.

🏄 주인의식을 가진 자가 진짜 고수다

주인의식이 있는 직원은 일에 대한 성과도 높을 수밖에 없다. 이들은 의식부터 직장생활의 고수이기 때문이다. 일을 하는 방식도 다르다.

첫째, 일 처리가 빠르다. 기다리게 하지 않는다. 상사가 지시한 일은 기한을 넘기지 않는다. 혹시라도 늦어질 경우 사전에 허락을 득한다. 의견을 말할 때도 누가 시킬 때까지 기다리지 않는다. 중언부

언하지 않고 간결하다.

둘째, 섬세하다. 스테이플러 찍을 때도 비스듬히 찍어 자료를 넘기기 쉽게 만든다. 가끔씩 다른 임원에게 찾아가 협의할 경우가 있다. Y 상무 집무실에 찾아갔을 때였다. 비서가 아이스커피를 가져다주었다. 더위에 지쳐 얼음까지 벌컥 들이켰다. 커피에 있던 얼음이 입에서 녹는 순간, 나는 깜짝 놀라지 않을 수 없었다. 커피에 넣은 얼음이 커피였던 것이다. 커피를 내려서 그 커피를 얼음으로 얼려 아이스커피로 가져다준 것이다. 비서가 얼음이 녹으면 커피가 처음과 달리 싱거워져서, 아예 얼음을 커피로 얼렸다고 했다. 아이스커피를 마시는 내내 처음의 커피 맛은 유지되면서도 시원하게 마실 수 있었다. 단기 계약직이었던 그 비서는 주위로부터 섬세함과 배려심을 인정받아 정규직 사원으로 전환되었다.

셋째, 참을 줄 안다. 상황에 따라서는 자기주장도 굽힐 줄 안다. 그래서 적을 만들지 않는다. 뒷담화도 하지 않는다. 한마디로 처세에도 능하다. 상사와는 데이터와 사실로만 보고한다.

넷째, 소통에도 능하다. 다른 사람의 생각에 관심을 두는 것만큼 소통에 중요한 것이 있을까? 이른바 '소통의 벽'을 만드는 대화를 하지 않는다. '절대로', '반드시', '마지막'과 같은 극한을 나타내는 단어는 극도로 자제한다. 신중함조차 용기의 일부로 안다.

임계점을 넘는 사람이 주인의식이 있는 것인가, 주인의식이 있는 사람이 임계점을 넘는 것인가? 닭과 달걀의 문제와 같다. 중요한 사실은 임계점을 사이에 두고 두 영역이 공존한다는 사실이다. 한쪽은 종업원의 의식세계이고, 다른 한쪽은 주인의 의식세계이다. 임계점에 도달하지 못하면 영원히 종업원 마인드로 살아가면 된다. 그곳도 사람 사는 세상인데 어찌 되었든 살 만은 하다.

하지만 임계점을 넘기 위해서는 행동과 사고가 변화되는 극한의 고통을 넘어서야만 한다. 주인으로 사는 세상의 삶도 결코 녹록지만은 않다. 챙기고 신경 써야 할 것이 부지기수다. 참고 견뎌야 할 일도 많다. 그럼에도 내가 주인이 되는 다른 세상에 한번 살아보는 것, 이것도 꽤 괜찮은 생각 아닐까?

3

10년 후 직급은
결국 내가 결정한다

"당신의 꿈은 무엇입니까?"

참 많이도 들었던 질문이다. 어릴 적 내 꿈은 판사였다. 초등학교 졸업앨범 내 사진 밑에 이름과 함께 앞으로 되고 싶은 직업을 적었다. 그때는 어른이 되어 무슨 직업을 가질지를 결정하는 것이 꿈이라고 생각했다. 중·고등학교에 올라가서도 내 꿈은 여전히 판사였다. 고2 여름 때, 전두환 정권은 과외 금지 조치를 단행하고 대학 본고사를 없앴다. 그래서 이듬해 예비고사 대신 대학입학학력고사를 치렀다. 그 점수만으로 대학을 지원했다. 졸업정원제라는 제도가 있어서 졸업정원의 30%를 더 입학시켰다. 그 덕에 대학 합격했다고 서로 놀리며 지냈다. 점수에 맞춰 나는 부모가 원하는 학과에 입학했다. 대학생이 되어서는 내게 꿈이 뭐냐고 묻는 사람은 없었다. 질문이 바뀐 것이다. "졸업하고 뭐 할 건데?"였다. 남들이 하니까, 부모님이 원하니까 행정고시 공부를 했다. 왜 해야 하는지 모르고 시작한 고시 공부는 힘들고 지루했다. 결과는 예상대로 낙방이었다.

장교로 군에 입대했다. 제대할 무렵, 다른 고민도 없이 부대 인사처에 돌아다니는 입사원서를 썼다. 은행, 증권, 대기업 등 원서를 구할 수 있는 곳은 가리지 않고 어디든 다 지원했다. 어디를 가고 싶은지, 어디를 가야 하는지는 중요하지 않았다. 서류전형 합격한 곳은 면접에도 빠지지 않고 다 갔다. 취업을 위해 면접 본다고 하면, 그날은 훈련을 안 해도 되었다. 외출도 할 수 있어서 좋았다. 게다가 지원한 회사에서 주는 면접비는 덤이었다. 지금보다 회사 들어가기가 훨씬 쉬운 시절이었기에 여러 군데 합격을 했다. 그중 하나를 택해 입사했다. 그 회사에서 나가라고 할 때까지 햇수로 28년을 다녔다.

〽️ 내 꿈은 회사 차로 출근하는 것

직장생활을 하는 동안 대학원도 다니고 최고경영자 과정도 두 개나 이수했다. 영어학원에도 다녀봤고, 골프 강좌도 듣고 수영도 배우러 다녔다. 무슨 꿈이 있어 다닌 게 아니었다. 그냥 다녔다. 남들이하는 네트워크도 형성해야 했다. 해외 통신사업자와의 업무에 영어가 필요해서였다.

부장이 된지 5~6년쯤 되었을 때였다. 회식 자리에서 막내 팀원이내게 물었다.

"팀장님은 꿈이 뭐예요?"

그냥 웃었다. 크게 생각해본 적도 없고 의미도 없었기에 웃고 넘겼다. 집에 돌아오는 길에 생각에 잠겼다. 15년 넘게 직장생활을 하면서 나는 꿈에 대한 질문을 받은 적도 생각한 적도 없었다. 그저 하루를 지내고 있었다. 하루를 견디고 있었다. 막내 팀원에게 꿈이 무엇이라고 얘기해주고 싶다는 생각이 들었다. 리더로서, 선배로서 알려주고 싶었다.

다음 날 팀원들과 해장도 할 겸 점심을 같이했다.

"막내야. 어제 내게 꿈이 뭔지 물었지? 근데 그게 왜 궁금해?"

"팀장님은 일도 잘하시고 팀원도 잘 챙겨주시잖아요. 저도 나중에 팀장님처럼 되고 싶습니다. 그런 팀장님은 어떤 꿈이 있는지 궁금해서요."

"직장에서의 꿈 말이지?"

"예. 회사를 떠나서는 가치관과 생각이 다를 테니, 그거 말고 회사에서의 꿈이요."

"내 꿈은 회사 차로 출근하는 거야. 내 차 말고."

임원이 되고 싶다는 말을 회사 차로 출근하고 싶다 돌려 말했다. 그냥 임원이 되겠노라 하는 것보다 괜찮아 보였다. 팀원들도 호응해주었다. 그날 이후 내 꿈은 '회사 차로 출근하기'가 되었다. 예비 리더 인터뷰도 철저히 준비하고, 필수교육 과정도 이수했다. LAP 테스트 합격을 위해 출퇴근길에 영어 테이프로 열심히 듣고 따라했다. 준비된 자에게 행운처럼 기회가 찾아왔다. 생각보다 빨리 왔다. 새로 바뀐 CEO가 임원을 대거 물갈이한 것이다. 그해 연말에 나는 상무가 되었다. 꿈을 확정하고, 채 1년이 걸리지 않았다. 팀원들과 축하 자리를 가졌다. 막내 팀원이 또 물었다.

"이제 회사 차로 출근하는 꿈을 이루었으니 끝난 겁니까? 새로운 꿈이 있으신가요, 상무님?"

잠시 침묵이 흘렀다. 이윽고 내가 대답했다.

"회사 차를 내가 운전하지 않고 출근하는 게 새로운 꿈이야."

당시 LG그룹은 전무제도가 없었다. 상무 다음 바로 부사장이었다. 부사장이 되면 기사가 배정되어 뒷좌석에 앉아 출근할 수 있었다. 부사장이 되겠다는 꿈을 운전 안 하는 것으로 표현한 것이다. 다시 내 꿈은 '내가 운전 안 하고 출근하기'가 되었다. 이듬해 전무제도가 도입되었다. 상무로 승진한 지 8년 만에 나는 전무가 되었다. 영업부문장직을 수행하면서 상무 시절에도 기사를 배정받긴 했다. 하지만 꿈이라 표현했던 자리에 제대로 오른 것은 전무가 되어서였다.

꿈을 표현하고, 나는 그 꿈을 이루었다. 그룹 직원 대상 교육에서도, 후배들과의 대화 자리에서도 나는 내 꿈 얘기를 전한다. 누군가에게는 별것 아닐 수 있다. 또 누군가에게는 대단한 꿈일 수도 있다. 간결하고 명확한 꿈을 꾸고 그것을 표현하라. 꿈은 나를 움직이는 힘이 있다. 내가 나약해질 때 나를 붙잡고, 내가 힘들 때 나를 위로한다. 꿈꾸는 자만이 그 꿈을 갖는다는 사실은 진실이다.

🖋 인사는 결국 본인이 하는 것이다

일본 만화 《더 파이팅》에는 '성공에 럭키펀치는 없다'라는 표현이 나온다. 내가 예전부터 차용해 즐겨 쓰고 있다. 우연히 맞은 한 방의 펀치처럼 보여도 그 주먹은 수천, 수만 번의 반복 연습과 흘린 땀, 시간이 어우러진 작품인 것이다.

언제나 선택의 기준은 자기 자신이다. 꿈을 위해 포기하지 않고 참고 인내하는 것도 자신이다. 기회가 왔을 때 결정적 한 방을 날릴 수 있도록 준비하는 것도 자기 자신이다.

상무가 되어 사장에게 인사를 드리는 자리가 있었다.

"사장님! 임원으로 승진시켜주셔서 정말 감사합니다. 열심히 성과 내겠습니다."

신임 상무들의 한결같은 인사에 P 사장은 이렇게 대답했다.

"내게 감사할 것 없어. 인사는 본인이 하는 거니까. 당신들이 잘해서 임원이 된 거란 말야."

10년이 훌쩍 지난 지금도 나는 P 사장에 대한 존경심을 잃지 않고 있다. 엄하고 무섭고 겁나서 모두 자리를 피했지만, 나는 엄격함 속에 감춰진 따뜻함과 사랑을 느낄 수 있었다.

지난해 말, 아끼던 후배가 그룹 상무로 승진했다. 내게 제일 먼저 알리고 싶었다며 전화를 했다.

"잘 키워주셔서 감사합니다. 선배님!"

후배의 인사에 나는 이렇게 답했다.

"인사는 본인이 하는 거야."

'인사는 본인이 하는 것'에는 많은 의미가 담겨 있다. 누가 시켜주고 누가 끌어주는 게 아니라는 거다. 일부는 가능할 수도 있다, 현실이니까. 최근 은행들의 채용비리에 세상이 떠들썩하지만, 일부의 문제다. 그런 부조리한 문제를 없애는 건 감독기관에 맡기고, 우리는 실력과 능력을 갖추는 노력을 먼저 해야 한다.

'여우와 살구기름'이라는 우화를 아는가? 여우가 제일 좋아하는 것이 살구기름이다. 여우 사냥꾼은 여우가 다니는 길목에 독이 든 살구기름을 가져다 놓아둔다. 영리한 여우는 처음엔 넘어오지 않는다. 살구기름에 엄마 아빠를 잃은 사실을 기억하며 절대 먹지 않겠다고 다짐한다. 하지만 처음 결심과 달리 지나쳐 간 살구기름을 자꾸 뒤돌아본다. 어떻게 생겼나 확인만 하겠다고 돌아온다. 고소하고 향긋한 살구기름 냄새를 맡는 순간, 먹고 싶어 안달이 나기 시작한다. 먹지는 않고 맛만 보겠다며 혀끝을 조금 댄다. 조금은 괜찮겠지, 하면서 먹기 시작한 살구기름은 결국 끝을 보고 만다. 마침내 여우는 피를 토하고 죽는다.

잘못된 행동인 줄 알면서도 유혹과 욕심을 참지 못하는 우리네 삶과 크게 다를 게 없다. 꿈을 향해 가는 길에는 온갖 유혹과 방해물이 많다. 그만두고 싶은 충동과 왜 사서 고생하는지 모른다는 생각에 흔들리기 시작한다. 꿈은 유혹을 극복해가는 과정의 연속이다. 끈기와 인내로 참고 견뎌야 한다.

과거는 역사다. 과거는 우리 삶에 가르침을 준다. 하지 말아야 할 것과 더 잘해야 할 것을 알게 해준다. 과거가 있기에 지금의 내가 존재한다. 모든 현재는 과거로부터 출발한다. 과거의 나를 통해 현재의 내가 있다. 현재는 또 미래의 과거다. 알 수 없는 미래이기에 꿈을 가져야 한다. 피터 드러커는 말했다.

"미래를 예측하는 최고의 방법은 미래를 스스로 만드는 것이다."

꿈을 가지고 현재에 충실하라. 그 꿈은 미래가 현재가 되었을 때, 내게 'Present', 즉 선물이 되어 찾아온다.

4

이제
직장에 목숨 거는 시대는 지났다

나는 586세대다. 50대 나이 1980년대 학번 1960년대 생이다. 학생운동과 민주화투쟁에 앞장섰던 세대였다(물론 나는 아니다). 1990년대 들어 정치와 사회 전면에 나서면서 386세대로 불린 지 벌써 20여 년이 흘렀다. 우리 세대에게 취업은 평생직장을 선택하는 것이었다. 회사원이든 은행원이든, 당연히 정년퇴직을 할 걸로 알고 취업했다. 그리고 그런 직장에 목숨도 걸었다. 그런데 1997년 IMF 외환위기는 구조조정을 보편화하고 명퇴를 일상으로 만들었다. 길어진 기대수명은 더 이상 직장이 최후의 보루가 되지 못함을, 말하지 않아도 이젠 다 안다.

✍ 1만 시간의 법칙

〈잠깐만 회사 좀 관두고 올게〉는 2017년 회사를 관두고 쉬고 있을 때, 제목에 끌려 보게 된 일본 영화다. 주인공은 직장인 다카시. '내일 같은 건 안 와도 돼'라고 외칠 정도로 악덕 상사와 야근에 시달린다. 하지만 인생 끝자락에 만난 야마모토 덕분에 '월요일도, 상사도' 두렵지 않게 된다. 퇴사를 의논하러 간 다카시에게 부모님은 이렇게 말한다.

"넌 아직 젊어. 실패해도 괜찮아. 인생이란 살아 있기만 하면 어떻게든 풀리는 법이다."

직장에 다니면서 우리는 하루에도 몇 번씩 고민을 한다. 내일 아침까지 올려야 하는 보고서를 고민하고 부족한 외국어 실력도 걱정한다. 내게만 일을 떠넘기는 선임을 어떡할지 고민한다. 꼰대 같은 상사에게 갑질을 당할 때면 울컥하다 못해 당장이라도 때려치우고 싶다. 회사만 쳐다보고 있다가는 큰일 나는 거 아닌지 생각이 많다.

직장에서 끝까지 살아남겠다는 사람은 많이 못 봤다. 그저 하루를 살고 있다고 했다. 퇴근 후 공부를 하는 사람도 늘었다. 샐러리맨과 학생(Student)를 합친 '샐러던트(Saladent)'라는 신조어까지 생겼다. 어학이든, 업무 지식이든, 학위이든 모두 공부하는 것이다. 언제 써먹을지도 모르면서 언젠가는 유용하게 쓰일 것이라는 생각에, 피곤한 줄도 모르고 공부에 매달린다. 나도 회사가 인정하는 교육 프로그램보다는 힘들더라도 객관적 석사학위를 택했다. 현재의 내 직장이 미래의 내 직장이 아닐 수도 있다는 생각 때문이었다.

내가 롤모델로 삼고 배우고 따라가려 노력했던 선배들은, 근무하는 동안 아무런 준비를 하지 못한 채 회사를 떠났다. 부랴부랴 재취업을 하거나 창업을 준비했지만, 대부분 1~2년을 채우지 못하고 다시 백수로 살고 있다. 유일하게 한 선배만 설렁탕집을 10년째 운영하고 있다. 언제 나올지 모르는 상황에 대비해, 상의 끝에 그 아내가 설렁탕집 주방에서 일을 배웠다. 예상보다 빠르게 1년 뒤 회사를 떠났지만, 재료 구입이며 주방 운영과 고객 입맛에 대해 미리 준비한 덕을 봤다고 선배는 말한다.

직장을 떠나는 순간, 정보에서 멀어지고 도움을 주는 사람도 줄게 된다. 심리적으로도 위축되고 조급한 마음에 귀까지 얇아진다. 즉, 현직에 있을 때 대비해야 한다.

대전 중부경찰서장으로 퇴임한 정기룡 전 서장은 퇴근 후 2시간을 퇴직 후 삶을 준비하는 데 쓰라고 조언한다. 하루 2시간씩 5일은 10시간, 주말에 10시간씩 하면 일주일에 20시간이 확보된다. 1년이면 1,040시간이 되고 10년이면 1만 시간이 넘게 된다. 어떤 분야의 전문가가 되기 위한 최소한의 시간을 확보할 수 있다는 것이다. 외국어를 마스터할 수도 있고 학위도 딸 수 있는 시간이 되는 것이다.

이론상으로는 가능하다. 현실적으로 야근도 해야 하고 회식도 참석해야 한다고 반론할 수 있다. 그런데 야근도 습관인 경우가 많다. 경험상 일과 중에 흡연과 잡담을 줄이고 일에 집중하면 야근은 하지 않아도 된다. 회식이나 술자리는 내가 찾아다니지만 않으면 생각보다 많지 않다. 특히 요즘은 강제적으로 회식에 참석시키고 억지로

술 권하는 풍토는 점차 사라지고 있다.

사실, 마음가짐이 더 중요하다. 퇴근 후 시간을 나의 미래 준비에 쓰겠다는 각오로 끈기 있게 실천한다면, 충분히 가능한 일이다. 그 시간에 소파에 누워 TV를 시청하거나 몸 축내가면서 술잔을 기울이는 데 쓰는 것보다는, 나를 위해 투자하는 것이 더 낫지 않을까?

🖋 스스로를 고용하라

내가 살고 있는 삶은 지금까지 내가 꿈꿔왔던 결과다. 미래는 현재의 내 삶 속에서 형성된 내 생각과 가치관에 따라 형태를 만들어간다. 내가 어떤 생각을 가지고 있느냐에 따라 내 미래가 달라진다. 정답은 찾는 것이 아니라 만들어가는 것이다. 미래는 충실한 현재의 결과다.

바야흐로 1인 기업의 시대다. '1인 기업(Self Employed)' 또는 '솔로프리너(Solopreneur)'라고 한다. 주로 지식서비스 산업 분야에서 자신만의 전문성을 갖고 시장과 가치를 창출하는 직업인을 일컫는다. 일반적으로 말하는 자영업과는 좀 다른 개념이다.

1인 기업 개념을 국내에 전파한 고(故) 구본형 소장은 《그대, 스스로를 고용하라》에서 이렇게 말했다.

'당신의 내부에서 직장인임을 죽여라. 더 이상 고용자

에게 매달리지 마라. 스스로 CEO처럼 생각하고 행동하라. 그리하여 그대 스스로를 고용하라. 마침내 당신만의 브랜드와 뜨겁게 재회하라.'

구 소장이 제시한 새로운 삶의 방식은, 더 이상 회사에 나를 맞추려 안간힘을 쓰지 말라는 것이다. 직장인이 아니라 직업인이 되라고 강조했다. 평생직장을 평생직업으로 바꾸라는 의미다. 직장은 기껏해야 30년을 다니면 끝이지만, 직업은 나이가 들어서도 계속할 수 있다는 것이다. 누군가가 시키는, 하기 싫은 일을 하는 것이 아니라 내가 좋아하는 일을 스스로 하는 것이다.

인터넷의 발달과 모바일 생태계의 확산은 1인 기업의 활성화를 위한 질 좋은 토양까지 조성한다. 1인 기업에서 정착한 사람들은 지금 하고 있는 일을 평생 하겠다는 생각을 고수하지는 않는다. 나에게 맞는 일을 찾아가는 여행을 위해 언제든, 기꺼이 짐을 꾸리는 수고를 아끼지 않는다. 오히려 좋아하는 일을 하면서 가슴이 벅차니 행복함을 느낀다고 한다.

1인 기업은 직장에 다니면서도 할 수 있다. 지식서비스 분야이기에 더 가능한 일이다. 앞서 언급한 엑셀 전문가 P 대리(지금은 부장이다)도 회사원이면서 개인사업자를 병행하고 있다. 10권이 넘는 책을 쓴 K 부장 역시 회사원이면서 작가이자 강사이다. 인세와 강연료 수입이 월급보다 많다. P건설에 근무하는 세 아이의 아빠 Y 차장은, 아이 키운 경험을 바탕으로 책을 출간하고 EBS 방송 프로그램에 출연했다. 대통령 직속 '저출산 고령사회 위원회' 자문단으로 위촉되기도 했다.

브랜든 버처드(Brendon Burchard)는 《백만장자 메신저》에서 다음과 같이 주장했다.

'대부분의 사람은 자신의 인생과 경험을 매우 과소평가하는 경향이 있다. 당신은 당신이 보잘것없다고 생각하는 그 경험과 깨달음을 통해 메시지를 전하며 높은 수익을 올리는 메신저가 될 수 있다.'

'메신저'란 내가 가진 생각과 지식을 주변 사람들에게 전달하여, 그들이 동기부여가 되고 가치 있는 삶을 살도록 인도하는 사람으로 정의한다. 끊임없이 콘텐츠를 생산하고 가치를 부여하고 수익을 창출하는 일종의 컨설턴트다. 개인을 상대로 한다는 점에서, 기업을 상대로 하는 대형 컨설팅 회사의 컨설턴트와는 다르다. 고학력을 요하지 않는다. 그저 한 분야의 전문 지식만 있으면 가능하다.

모든 일을 나름대로 괜찮게 하는 사람보다는, 어떤 한 분야에서 출중하게 잘하는 사람이 눈에 더 들어오게 마련이다. 특정 회사에 소속된 아무개가 아니라 자신만의 고유한 브랜드를 갖게 된다. 자신의 미래에 대해 진지하게 고민하고 실행에 옮기는 사람만이 진정한 자신의 브랜드를 만들어갈 수 있다. 내가 가진 경험과 지식이 브랜드가 되고, 그 브랜드가 부를 창출하는 수단이 되는 것이다.

직장에 목숨을 걸지 말라는 것이 일을 게을리하거나 성과를 내지 말라는 의미는 아니다. 오히려 일에 몰입하고 집중해서 특정 분야의 스페셜리스트가 되라는 의미다. 그런 전문성으로 나만의 기업을 만들고 가치를 창출하는 메신저가 되라는 것이다.

목표를 정하고 구체화하라. 기한을 정하라. 그리고 매일 실천하라. 당신의 경험과 지식으로 당신도 훌륭한 메신저가 될 수 있다. 평생직업을 가진 1인 기업의 주인이 될 수 있다.

5

직장은
언젠가 떠나야 할 전셋집이다

나는 군 복무 중에 결혼을 했다. 부대 앞에 월세를 얻었다. 취직을 하고 아이가 생겼다. 처가 근처 상가주택 2층에 전세로 옮겼다. 1기 신도시가 조성되면서 소형 장기임대주택을 분양받아 이사했다. 아이가 셋이 되면서, 집이 좁아 다시 처가 근처 연립주택에 전세를 얻었다. 그다음엔 아파트로 옮겼다. 짧게는 1년 길게는 4년 정도씩 살았다.

전세는 언젠가 비워줘야 한다. 내 집이 아니니까. 처음부터 내 집에 사는 몇 안 되는 금수저를 제외하고, 대부분 전세나 월세 혹은 반전세를 산다. 계약 기간 동안만 산다. 물론 연장은 된다. 전세보증금 올려달라면 올려주면 된다. 집주인이 들어온다고 하면 무조건 옮겨야 한다. 그래서 세입자는 늘 불안하다.

직장도 마찬가지다. 계약직 직원은 기간이 만료되면 회사를 떠나야 한다. 새롭게 직장을 구해야 한다. 정규직으로의 전환을 외치는 이유다. 물론 정규직도 언젠가는 직장을 떠나야 한다. 장기계약직이다. 계약 기간은 정하지 않았지만, 공무원 정년퇴임을 제외하고는 확정된 기간은 없다. 그래서인지 낮은 봉급에도 공무원시험 경쟁률은 해마다 높아져만 간다.

🏌 퇴준생의 삶을 살라

집을 이사할 때, 계약 기간이 끝나고 나서 새로 이사 갈 집을 알아보는 경우는 아직 보지 못했다. 보통 계약 만기 두세 달 전에 집을 알아본다. 직주근접(직장과 주거가 가까운 곳)이나 지하철역 근처는 전세금이 비싸다. 아이들이 중·고등학교에 다니면 살던 집 근처를 알아봐야 한다. 자금과 가족 사정을 고려해, 집 크기와 형태를 결정한다. 이삿짐센터도 알아봐야 한다. 필요하면 집주인에게 수리나 도배도 요청해야 한다. 이사하면 2년 이상 살아야 할 집이기에 미리 준비를 한다.

2년간 살 집도 이렇게나 준비할 게 많다. 하물며 직장을 떠나 살아갈 기간은 생각보다 훨씬 길다. 그런데도 대부분의 직장인이 막연하게 '어찌 되겠지' 하는 생각으로 준비를 소홀히 한다. 아직은 남의 일이라고 생각한다. 나와 관련된 협력 업체도 많고, 그동안 쌓아놓은 네트워크가 무언가 해줄 거라 믿는다.

그러나 당신의 현재 가치는 당신이 현 직장에 있기 때문에 효과를 발휘하는 것이다. 직장을 나오는 순간 당신은 그냥 당신일 뿐이다. 당신이 보여준 능력은 회사라는 울타리가 보호해주고, 그 안에 있는 꽤 쓸 만한 직원들이 꽤 괜찮은 시스템 아래에서 만들어준 결과물이다. 대기업일수록 더 그렇다. 당신이 직장을 떠나면, 당신은 발가벗겨진 채 추위와 바람에 맞서 앞으로 나가야 한다. 그래서 직장에 다니는 동안 준비를 해야 한다. 추위를 이겨낼 보온 장비도 갖추고, 바람과 싸울 고글이나 바람막이도 필요하다.

'치타의 사냥 법칙'을 아는가? 치타는 굶주림이 극에 달할 때까지 기다리지 않는다. 치타의 주 사냥감은 빠르기로 소문난 가젤이다. 배고픔이 극에 달하면 가젤을 끝까지 쫓아가 잡을 수가 없다. 어느 정도 힘이 남아 있을 때 사냥해야 성공률이 높다. 퇴직 후의 삶도 어느 정도 힘이 남아 있을 때 준비하는 것이 맞다. 취업을 준비하는 '취준생'처럼 퇴직을 준비하는 '퇴준생(퇴직준비생의 줄임말)'이 되어야 한다. 예상 문제도 뽑아보고 출제 경향도 파악해야 한다. 어떤 직종이 유망한지 어떤 사업 아이템이 시대적으로 맞는지에 대해, 다양한 루트를 통해 정보도 얻고 발품도 팔아야 한다. 본격적인 퇴준생으로의 삶을 살아야 한다.

⚡ 퇴직 크레바스를 넘어라

먼저 재취업을 할 것인가 창업을 할 것인가 결정해야 한다. 그래야 여기저기 알아보고 준비를 할 수 있다. 자금 사정도 고려해야 한다. 노후 자금까지 끌어다 창업하는 건 생각보다 위험할 수 있다. 경기 영향도 받을 테고 아직 해보지 않은 일은 어떤 위험이 도사리고 있을지 모른다. 주변의 유혹에 팔랑귀가 되어서는 더더욱 안 된다. 50대 중반에 퇴직한다 하더라도, 경제 활동을 해야 하는 기간이 10년은 된다. 나의 경우도 국민연금이 만 63세부터 나오는데, 아직도 8년이 남았다. 다행히 나는 재취업에 성공해 지금은 경제 활동을 하고 있다. 하지만 주변에 많은 선배 동료는 가진 것을 까먹고 있는 중이다.

빙하가 갈라져 생긴 좁고 깊은 틈을 크레바스(Crevasse)라고 한다. '퇴직 크레바스'는 직장에서 퇴직한 후, 국민연금이 나오기까지의 소득이 없는 기간을 가리키는 말이다. 국민연금 외에 개인연금과 퇴직연금을 3대 연금세트라고 하는 이유도 여기에 있다. 소득이 없는 틈을 메꿀 준비를 퇴직 후에 하는 것은 의미가 없다. 자녀의 학업과 결혼 같은 뒷바라지가 아직 남아 있기에, 퇴직 대비가 현실적으로 어려운 것은 사실이다. 그래도 비워줄 전셋집을 대비해 가급적 빨리 준비해야 한다.

2016년 통계청 보고에 따르면, 한국인의 평균 기대수명은 여성 85.4세, 남성은 79.3세다. 매년 0.4세씩 늘어난다는 말도 있다. 만 55세인 내 기준으로 계산해보았다. 80세가 되면 기대수명이 85세로 늘어나 있겠다. 85세가 되면 87세로 늘어 결국 88세가 기대수명이다. 같은 논리로 계산해보면 여성은 97세다. 금융감독원에 따르면,

우리나라의 노인 빈곤율은 45.7%로 OECD 회원국 중 가장 높은 편이라고 한다. 은퇴 후 빈곤층으로 전락하지 않도록 은퇴 계획을 세우는 일이 그 어느 때보다 중요해졌다.

🏃 인생의 나이트 라이프를 준비하라

주유소나 마트에서 시니어 직원이 근무하는 모습이 참 좋아 보였다. 언제부턴가 자주 가는 주유소에서 일하던 시니어 직원이 줄어들기 시작했다. 최저임금이 높아지면서 주유소에서 인원을 줄인 것이다. 조만간 셀프주유소로 전환 계획도 있다고 한다.

시니어의 일자리는 점차 줄어들 것이다. 2018년 9월 이마트는 만 60세 이상의 직원이 근무하는 '시니어 스토어 1호점'을 열었다. 매니저 1명과 60세 이상 시니어 스태프 7명이 교대로 근무한다. 본사 영업 관리자가 시니어 스태프를 대상으로 3개월간 직무교육도 실시한다. 날로 늘어가는 고령층의 경제적 자립과 삶에 활력을 불어넣고자 추진했다는 것이 이마트 임원의 설명이다.

이처럼 시니어 직원들에게 일자리를 제공할 방법이 필요하다. 최저임금 보장이 누구에게는 일자리를 빼앗을 수도 있는 정책이 될 수도 있다.

만일 자영업을 선택할 경우 몇 가지 주의해야 할 점이 있다. 먼저 시작 전에 현장 경험을 쌓아라. 앞서 언급했지만 최소 1년 정도는 주방이든 홀이든 근무하면서, 현실을 파악하고 흐름을 익혀야 한다. 그리고 기대수익을 낮춰야 한다. 자영업은 대박 식당이 되지 않는 한 인건비 장사다. 가족끼리 경영하면서 외부 지출 비용을 줄여야 한다. 요즘처럼 최저임금이 높고 사람 구하기 힘들 때는 더욱 그렇다. 종업원은 장사가 잘되기 시작할 때 고용해도 늦지 않다. 기왕이면 프랜차이즈보다는 독립경영을 하라. 소위 괜찮은 프랜차이즈는 초기 투입 비용도 높고 본사에 의존도가 너무 크다. 변변치 못한 프랜차이즈는 사업의 영속성도 걱정된다. 내가 잘할 수 있는 아이템을 찾아서 차근차근 시작하라. 88%에 달하는 자영업자 폐업률에 대비하는 현명한 자세다.

아름다운 꽃을 피우고 푸르른 녹음을 자랑하던 나무도, 어느덧 단풍이 되고 불어오는 쌀쌀한 바람에 낙엽이 되어 거리를 뒹군다. 한낮의 뜨거웠던 태양도 이제 서쪽으로 기울기 시작한다. 지는 해가 아쉬워 마지막 불꽃을 석양에 노을로 태우기도 한다. 모든 게 식별이 가능했던 낮을 지나 어둑어둑해지는 저녁 길목에 당신은 서 있다. 곧 밤이 찾아온다. 밤은 낮과 다르다. 기온도 급격히 떨어지고 플래시나 랜턴이 없는 밤길은 걷기도 위험하다. 이 밤을 추위와 어둠으로부터 버텨낼 준비를 철저히 해야 한다.

밤에는 낮과 다른 나이트 라이프(Night Life)가 있다. 술도 밤에 마셔야 제맛이 난다. 별빛의 아름다움도 밤이 되어야 느낄 수 있다. 낮에 열심히 일하느라 지친 몸과 마음을 밤에는 쉬면서 위로받을 수 있다. 즐거웠던 일을 돌아보며 추억할 수도 있다. 밤을 두려워할 필요는 없다. 밤은 밤대로 우리에게 또 다른 삶을 선사하니까.

낮은 젊다고, 밤은 늙다다. 젊다는 형용사고 늙다는 동사다. 형용사는 상태를, 동사는 움직임을 나타낸다.《베껴쓰기로 연습하는 글쓰기 책》에서 명로진은 말했다.

'젊음은 한때의 이미지지만, 늙음은 시간의 흐름이다.'

이제 시간의 흐름에 당신을 맡길 준비를 해야 한다.

6

직장을 떠나서도
인정받는 사람이 되라

사람은 사회적 동물이다. 그래서 사람에게는 대인관계를 유지하고 집단에 속하고자 하는 욕구가 있다. 속한 집단에서 다른 사람에게 인정받고 호감 있는 존재이고 싶어 한다. 굳이 매슬로우의 인간욕구 5단계 이론을 빌리지 않더라도, 본능적으로 그렇게 행동한다.

인정을 받는다는 것은 그 사람에 대한 주변의 평가가 좋다는 의미다. 이런 주변 사람에 대한 평가를 표현하는 용어가 몇 가지 있다. 확실히 구분해서 쓰기는 쉽지 않지만, 그래도 분명한 차이는 존재한다.

먼저 '이미지(Image)'다. 상대방의 말과 행동에서 느끼는 인상의 집합이다. 보는 사람에 따라 주관적이고 상징적이며 단기적 성격이 강하다. 첫인상이라는 표현은 첫 이미지라는 말과 같다. 쉽게 변신도 가능하고 때론 조작도 가능하다.

둘째, '브랜드(Brand)'다. 사람보다는 제품이나 서비스에 자주 사용된다. 경쟁자와의 차별화를 위해 장기적으로 만들거나 만들어진다. 사람에게도 쓸 수 있다, 남과 구별되는 색깔이 있는가를 브랜드라 칭하기도 한다. 스토리가 있는 사람을 표현할 때 쓰기도 한다.

셋째, '평판(Reputation)'이다. 사전적 의미는 세상 사람들의 비평, 또는 비평하여 시비(是非)를 판정하는 것이다. 오랜 시간에 걸친 행동을 통해 형성되고 쌓여가는 실체다. 주변의 여러 경로를 통해 전파되는 지속적이고 공통적인 목소리다. 단기적인 평가는 이미지, 장기적으로는 브랜드나 평판이라고 할 수 있다.

🪶 평판은 최고의 소개장이다

평판은 관계 형성 및 평가에 상당한 영향력을 행사한다. 이른바 '레퍼런스 체크(Reference Check)'라는 이름으로 그 사람이 장기간 쌓아온 주변의 평가를 확인한다.

내게 평판이 얼마나 중요한지 깨닫게 해준 사건이 있었다. 팀장때였다. 인터넷과 벤처 붐으로 사업계획서 하나만 가지고도 쉽게 투자를 받아 회사를 설립할 수 있던 시절이었다. 많은 직장인이 '한방'의 꿈을 안고 벤처 회사로 몰려들었다. 옆 부서 A 팀장이 좋은 조건을 제시하는 다른 회사로 이직을 하려 했다. 처음엔 몰랐다.

어느 날, 대형 헤드헌팅 회사 부장이라는 이가 내게 연락을 해왔다. 이직하고 싶은 생각이 없냐는 것이었다. 내가 동의만 하면 원하는 조건을 맞춰주겠다고까지 했다. 나는 이직할 생각이 전혀 없었다. 의사를 표현한 적도 없었다. 어찌 된 일인지 물었다.

"사실 A 팀장에 대해 확인을 했습니다. 전반적으로 평가가 좋지 않더군요. 그래서 믿을 만한 분께 다른 괜찮은 팀장급을 추천해달라고 요청을 드렸더니, 실행력이 탁월하다면서 이 팀장님을 추천해주시더군요. 이번엔 이 팀장님을 체크해봤죠. 리더십도 좋고 의사결정도 빠르시더군요. 그래서 이렇게 제안을 드리는 겁니다."

나는 정중히 거절했고, A 팀장도 원하던 회사로의 이직에 실패했다. 결국 이직을 알아보고 있다는 소문이 돌아, 얼마 있지 못하고 오히려 더 안 좋은 회사로 옮겨 갔다.

누군가 평판에 대해 묻는다면, 그것은 그 사람의 업무 능력과 품성에 대해 알고 싶은 것이다. 그래서 평판은 곧 역량이고 실력이다. 평판은 타인이 대신 써주는 나의 이력서다. 소비자성향조사 회사 트렌드모니터의 '평판조회에 대한 소비자 니즈 평가조사'에 따르면 조사자의 90% 이상이 타인에 대해 보통 이상의 관심을 가지며, 절반 이상이 주변 사람들의 행동을 평가하는 것으로 조사되었다. 또 조사자의 72%가 평판관리의 중요성을 인식한다고 답했다.

평판은 한 번 형성되면 쉽게 변하지 않으며, 비록 잘못된 평판일지라도 다수의 구성원이 받아들이는 특성이 있다. 좋은 평판을 듣기 위해서는 자신만의 영역에서 남들과 차별될 만한 역량을 갖추어야 한다. 주변 사람과도 조화롭게 어울리고 평소 적을 만들지 않는 인간관계를 유지해야 한다. 평판은 단기간에 만들어지는 것이 아니기에 꾸준함도 있어야 한다. 그래서 평판관리는 생각보다 쉽지 않다.

평판관리를 위해 억지로 꾸미기보다는, 지금 관계를 맺고 있는 사람들에게 충실한 것이 효율적일 것이다. 기본을 오랫동안 지킬 능력이 좋은 평판을 유지하는 지름길이다. 정보통신 기술의 발전은 사람들이 인터넷상에 남겨놓은 '디지털 발자국(Digital Footprint)'까지 확인하며 평판을 조회한다. SNS상에 올린 글은 물론 댓글 단 것까지도 추적할 수 있는 세상이다. 행동과 말투 하나하나가 평판의 대상이 되고 있다.

직장에서는 성과로 사람을 평가한다. 단기 성과는 실적이다. 실적은 목표에 대한 달성 여부로 보통 1년 단위로 평가된다. 반면 장기적 관점에서의 성과는 업적이다. 업적은 자리를 떠나서도 남는 것이다. 회사에 큰 획을 그은 것을 의미한다. 오랜 시간에 걸쳐 쌓아진 것이니 만큼 오래 기억된다. 회사에서 업적을 이루기란 힘들다. 단기목표에 치중하는 조직 풍토에서는 더 어렵다. 업적을 이루는 사람은 눈앞의 이익보다 먼 미래의 회사 비전과 방향을 제시한다. 때를 기다릴 줄 알고 동료들과 잘 지내며 자신을 실적을 내세우지 않는다. 《알리바바 마윈의 12가지 인생강의》에서 마윈은 강조한다.

'성공의 성(成)은 자기를 이루는 것이고 공(功)은 공덕을 쌓는 것이다. 자기를 성취하고 다른 사람을 도우라.'

🔖 문이 닫히면 새로운 문이 열린다

당신은 직장을 떠나서 어떤 사람으로 기억될 것인가? 평범하게 있는 듯 없는 듯 살며 퇴직과 함께 잊히고 말 것인가? 자신의 영달을 위해 동료들을 밟고 올라가려 아등바등 지낼 것인가? '정승이 죽으면 문상객이 없어도, 정승 댁 개가 죽으면 문상하러 오는 사람이 있다'는 속담처럼, 직장을 떠난 당신을 기억하는 이는 많지 않을 것이다. 현재의 권력 앞에 머리를 조아리던 직원들이, 당신이 떠난 후에도 계속 잘해줄 것이라 생각하는 건 바보나 하는 짓이다.

퇴직한 선배들이 찾아오겠다고 연락을 해온다. 난 거절하지 않고 무조건 만났다. 찾아오는 선배의 열에 아홉은 내게 부탁이나 도움을 청하러 온다. 정상적으로 접근하기 어렵기 때문에 찾아오는 것임을 알고 있다. 들어줄 수 없다는 것도 알고 있다. 하지만 일단 내가 만나는 것만으로도 선배 체면의 절반은 세워줄 수 있다.

요즘 같은 불경기에 퇴직한 임원을 필요로 하는 경우는 드물다. 많은 선배가 생계를 위한 자영업을 선택하는 이유다. 운이 좋아 취업을 한 경우도 그 역할은 이른바 '전관예우'를 활용한 수주영업으로 한정된다. 그러니 현역에 있는 후배가 만나주지도 않는다면, 그 역할 수행 기간이 줄어들거나 없어질 수도 있는 것이다.

그래서 만난다. 입찰이라는 절차를 통한 객관성 확보가 전제되어야 하는 회사 사정상, 개인적 친분으로 규정에 어긋나는 일을 할 수는 없다는 것은 서로가 잘 알고 있다. 그냥 오랜만에 함께 차 마시고 세상 돌아가는 얘기도 나누는 거다. 돌아갈 때는 판촉물이라도 넉넉히 챙겨드린다. 내가 한 일은 시간 잠깐 낸 것뿐인데, 선배들은 너무 고마워했다. 가끔 연락해서 골프라도 같이 치면 나는 완전히 괜찮은 후배가 된다.

그 덕에 외부에서도 나에 대한 평판은 나쁘지 않았고, LG를 떠난 지금 다른 직장에서 일할 기회가 주어졌는지도 모른다. 자신을 알아주는 사람을 위해 기꺼이 목숨을 내놓은 진나라 예양의 경우까지는 아니어도 좋다. 지금의 내가 있기까지 지도와 충고를 아끼지 않았던 선배와 상사에 대한 감사의 마음이 있는가? 그렇다면 그들이 회사를 떠나고 난 후에도, 가끔은 기억하고 연락하는 것이 세상 사는 맛 아닐까?

미국의 유명한 여성 방송인 오프라 윈프리는 이렇게 강조한다.

"여러분과 리무진을 타려는 사람은 많겠지만 정작 여러분이 원하는 사람은 리무진이 고장 났을 때 같이 버스를 타줄 사람입니다."

내가 높은 위치에 있을 때, 주변에 몰려드는 사람은 많다. 하지만 내가 힘들고 어려운 상황에 처했을 때, 내 옆에서 같이 고민하고 아파할 사람은 많지 않다. 그런 사람이 진정한 동료이자 내 사람이다.

세상에 아름다운 패배는 없다. 자의든 타의든 회사를 떠나는 것이 패배는 아니다. 하나의 문이 닫히면 다른 새로운 문이 열린다고 했다. 새로운 문이 열리기도 전에 포기하지 말라. 아름다웠던 리즈 시절만 추억하며 슬퍼하지 말라. 열심히 노력해온 당신은, 회사를 떠난 후에도 좋은 상사로 인정받고 좋은 선배로 기억될 것이다.

7

직장생활은
오늘도 진행형이다

나이가 들면서 밝은 웃음이 점차 사라져갔다. 미간에 주름이 생기고 얼굴 표정은 어두울 때가 많다. 술과 담배 탓도 있겠지만 속이 점점 썩어가서 그렇다. 어린아이들의 표정이 밝고 별거 아닌 일에도 웃음이 많은 건, 걱정할 게 없어서 그렇다. 어느덧 중년이 된 이 시점에 돌아보면, 난 고3 때가 가장 행복했다. 대학 갈 걱정만 하면 되었기 때문이다.

"어른은 그저 견디고 있을 뿐이다. 어른으로서 일에 바빴을 뿐이고, 나이의 무게감을 강한 척으로 이겨냈을 뿐이다. 어른도 아프다."

"나빴던 것은 신호등이 아니라, 타이밍이 아니라, 내 수많은 망설임들이었다."

이는 드라마 〈응답하라 1988〉에 나오는 내레이션들이다. 인생의 반환점을 돌아 걸어온 길을 되돌아보면, 형언하기 힘든 만감이 교차한다. 잘한 일도 많았고 후회한 일도 많았다. 난 열심히 살았고 최선을 다했다고 자부한다. 그래서 미련도 덜하다. 살아온 인생에 아쉬움이 없다면 좋겠지만, 그게 말처럼 쉽지 않다. 마무리 시점에 다시 한 번 직장생활에서 필요한 것들을 정리해본다.

⤳ 정리 1. 나 자신에게 집중하라

세상은 결국 나 혼자다. 자기중심적으로 살아도 괜찮다. 나쁘게 말하면 이기적인 거고, 좋게 보면 자기관리가 철저한 거다. 이 세상에 내 편은 나밖에 없다는 생각으로 덤벼들어라. 그러면 못할 게 없다. 일단 마주한 나와 치열하게 맞서고 나로부터 벗어나는 것이다. 나를 넘어서는 것이다. 오직 '나'에게만 집중하면 가능하다.

그러기 위해서는 첫째, 남의 말에 신경 쓰지 마라. 가볍게 듣고 흘려보내라. '다른 사람의 생각에 신경 쓰면 영원히 그 사람이라는 감옥에서 벗어나지 못한다'는 노자의 말을 기억하라.

둘째, 남과 비교하고 경쟁하지 마라. 나는 나이고, 남은 남이다. 만화가 이현세 교수는 천재와의 경쟁에서 이기는 법을 이렇게 말한다.

"젊은 시절 유독 나보다 뛰어난 동료 작가들이 많았다. 나는 그들과 싸워 이기려 하기보다 그들을 먼저 보내는 방법을 선택했다. 경쟁과 욕심 때문에 나를 망치는 것보다 앞질러 가는 이가 있다면 기꺼이 자리를 내주었다. 그 경쟁에 휘둘리지 않고 묵묵히 내 길을 걷다 보니 어느 순간 앞서갔던 수많은 사람은 사라지고 내가 가장 앞자리에서 걷고 있었다."

남과 비교해서 얻을 건 열등감뿐이다. 그렇다고 나보다 못한 사람과 비교하면서 자만심을 느끼는 건 더욱 아니다.

셋째, 길게 보자. 우리 인생도 길어졌다. 명퇴나 임금피크가 걱정되고, 때로는 체면이 안 설 수도 있다. 조급해할수록 더 힘들어지고 상처받을 수 있다. 당신 잘못은 아니지만, 당신의 상처는 당신 스스로 치유할 의무가 있다. 당신만이 그 권리를 갖는다.

넷째, 내 권한 밖의 일에 구속되지 마라. 혼자만의 소설을 쓰는 일은 이제 멈춰도 된다. 내 손이 미치지 못하는 일에서 자유롭게 살자.

〽 정리 2. 규칙을 지켜라

스포츠와 싸움에는 공통점이 있다. 둘 다 상대가 있고 승부가 있다. 어느 한쪽은 승자가 되고 어느 한쪽은 패자가 된다. 그렇다면 스포츠와 싸움의 차이는 무엇일까? 스포츠에는 규칙이 있다. 하지만 싸움에는 없다. 숫자가 많으면 유리하고, 무기가 좋으면 이길 확률이 크다. 그래서 싸움 잘하는 사람은 깡패나 양아치 취급을 받는다. 반면, 스포츠의 승자는 대우가 다르다. 올림픽 메달리스트에게는 병역 면제와 연금 혜택도 주어진다.

스포츠에서 맞수, 라이벌의 존재는 특별하다. 맞수는 따라잡아야 할 목표가 되기도 하고, 따라잡힐까 봐 두려운 존재이기도 하다. 살리에리에게는 모차르트가, 아사다 마오에게는 김연아가 그런 존재였을 것이다.

직장에서도 규칙은 존재한다. 단순히 사규를 의미하는 건 아니다. 정직한 노력을 통해 얻는 성과이어야 한다. 실적에 쫓겨 매출 부풀리기 같은 편법을 써서는 안 된다. 과도한 접대나 협력 업체 후려치기 같은, 상생을 저해하는 행위도 해서는 안 된다. 상사의 지위는 업무에 한정되어야 한다. 자신의 지위를 이용해 약자인 직원을 괴롭히는 짓은 삼류나 하는 짓이다.

〽️ 정리 3. 공감 능력을 가져라

공감은 나는 당신의 상황을 알고 기분을 이해한다와 같이, 상대방의 입장이 되어 상대의 생각과 느낌 속으로 따라가는 것이다. 상대방이 공감해준다는 느낌이 들 때, 친밀감이 높아질뿐더러 인간관계도 원만해진다. 상사와의 불편한 관계도 해소될 수 있다.

공감 능력을 키우기 위해서는 첫째, 상대의 감정을 읽어라. 상대가 하는 말뿐만 아니라, 비언어적 표현에서도 상대의 상태를 읽을 줄 알아야 한다.

둘째, 상대의 입장에서 생각하라. 모든 사람은 자신의 입장을 대변한다. 상대의 입장을 이해하기 위해서는 부단한 연습을 통해야 겨우 가능해진다.

셋째, 먼저 문을 열어야 한다. 공감할 준비가 안 되어 있는 당신에게 마음을 열 상대는 없다.

넷째, 진심으로 공감하라. 이를 위해서는 상대를 존중하고 인정하는 마음부터 가져야 한다.

상대의 말에 온몸을 흡수시키는 공감적 경청이 필요하다. 고객의 말은 시험문제지라고 했던 어느 보험왕의 말이 생각난다. 문제를 풀듯 고객의 말을 경청하면, 보험은 그냥 따라왔다고 한다. 회의할 때 우리는 공감이 안 되는 것을 느낄 수 있다. 자신이 할 이야기를 생각하고 있기 때문이다. 상대의 이야기를 내 경험에 비추어 평가하고 판단해서 그렇다. 공감을 위해서는 평가와 판단, 충고는 버려야 한다. 스티브 잡스가 스스로를 CLO(Chief Listening Officer)라고 칭할 정도로 경청의 대가였다는 사실은 주목할 만하다.

🏃 정리 4. 실행이 답이다

우선순위를 둔다는 것은 '무엇을 포기할 것인가'에 대한 결정이다. 직장생활은 의사결정의 연속이다. 직장생활 자체가 우선순위를 정해 일을 하는 것이다. 신중히 판단하고 과감히 결정하라. 그리고 실행하라. 즉각적인 실행들이 모여 나의 경험이 되고, 점차 꿈에 가까이 데려다줄 것은 분명하다.

신중함과 실행력 중에서 골라야 한다면 무조건 실행력이 답이다. 아무리 신중하게 고민해도 직접 해보지 않고는, 판단하거나 상상할 수 없는 일이 많기 때문이다. 도로 위의 과속 방지턱이나 과속단속 카메라가 모두 진짜는 아니다. 우리의 과속은 단속을 걱정해야 하지만, 정상속도로 달리는 존재에게는 아무런 걸림돌이 되지 않는다.

목표와 목적은 다르다. 목적은 방향성의 문제다. 어디로 갈 것인가, 왜 그 일을 하는가에 대한 답을 찾는 과정이다. 목표는 금년도에 얼마만큼 하겠다는 것이고, 어디까지 가겠다는 구체적인 것이다. 목적에 향해 가는 동안 목표는 얼마든 수정이 가능하다. 구체적 행동으로 목적을 향해 나아가는 것이 실행이다.

하루는 24시간 1,440분 86,400초다. 시간은 누구에게나 균등하다. 성공한 사람에게도 시간은 더 주어지지 않았고, 상사라고 해서 직원보다 많은 시간을 갖고 있지는 않다. 그래서 시간은 자본이 된다. 누구에게나 균등하게 주어진 시간이라는 자본을, 당신은 어디에 투자할 것인가? 어떻게 투자할 것인가? 당신의 미래는 당신이 투자한 자본으로 결정된다.

'끝날 때까지 끝난 게 아니다.'

나의 인생 모토이기도 한, 전설적인 뉴욕 양키스 포수 요기 베라의 말을 기억하라.

연극이나 공연 중간에 갖는 휴식시간, 인터미션(Intermission). 2시간이 넘는 공연에서 20분 정도의 휴식시간은, 1부에서 열연한 배우들에게 꿀맛 같은 휴식이자, 2부를 준비하는 시간이다. 퇴직을 앞둔 사람들에게도 인터미션은 필요하다. 숨 가쁘게 달려온 당신에게 인생 2막을 시작하기 전, 숨도 고르고 정비할 시간도 있어야 한다. 잠시 인터미션 타임이라 생각하라.《그럴 때 있으시죠?》에서 김제동은 그런 당신을 이렇게 위로한다.

"누구도 당신만큼 당신 인생을 고민하지 않았고, 누구도 당신만큼 당신을 잘 알지 못해요. 그러니 '당신은 늘 옳아!' 이 한 마디, 믿으셔도 좋아요."

이젠 인생 2막에 대비한 재충전을 해야 할 시점이다. 당신의 직장생활은 오늘도 진행형이기 때문이다.

하는 일마다 인정받는 사람들의 비밀

초판 1쇄 인쇄 ｜ 2019년 2월 1일
초판 1쇄 발행 ｜ 2019년 2월 11일

지은이 ｜ 이은재　**펴낸이** ｜ 전영화　**펴낸곳** ｜ 다연
주소 ｜ (10477) 경기도 고양시 덕양구 은빛로 41, 502호
전화 ｜ 070-8700-8767　**팩스** ｜ (031) 814-8769　**이메일** ｜ dayeonbook@naver.com
본문 ｜ 미토스　**표지** ｜ 김윤남

ⓒ 이은재

ISBN 979-11-87962-16-8 (03320)

※ 잘못 만들어진 책은 구입처에서 교환 가능합니다.

이 도서의 국립중앙도서관 출판예정도서목록(CIP)은 서지정보유통지원시스템 홈페이지(http://seoji.nl.go.kr)와
국가자료종합목록시스템(http://www.nl.go.kr/kolisnet)에서 이용하실 수 있습니다.
(CIP제어번호 : CIP2019003283)